DR. OETKER

TORTEN

DR. OETKER
TORTEN

 CERES

Orangencreme-Torte

Für den Teig

3 Eier	
125 g Zucker	
1 Päckchen Vanillin-Zucker	
1 Prise Salz	
abgeriebene Schale von 1 Orange (unbehandelt)	in einem Topf im heißen Wasserbad mit den Rührbesen des Handrührgerätes auf höchster Stufe etwa 7 Minuten schlagen, aus dem Wasserbad nehmen und weitere 7 Minuten schlagen
75 g Weizenmehl	
50 g Speisestärke	
30 g zerlassene Butter oder Margarine	unterrühren, den Teig in eine Springform (Durchmesser 24 cm, Boden gefettet, mit Backpapier belegt) füllen, glattstreichen, die Form auf dem Rost in den Backofen schieben
Ober-/Unterhitze	180–200 °C (vorgeheizt)
Heißluft	160–180 °C (nicht vorgeheizt)
Gas	Stufe 2–3 (vorgeheizt)
Backzeit	25–30 Minuten sofort nach dem Backen den Boden aus der Form lösen, auf einen Kuchenrost stürzen, erkalten lassen, einmal waagerecht durchschneiden.

Für die Füllung

2 Päckchen Puddingpulver Vanille-Geschmack	mit
750 ml (³/₄ l) Milch	nach Anleitung auf dem Päckchen zubereiten, sofort
100 g weiche Butter	unterrühren, den Pudding etwas kalt stellen beide Schnittflächen des Bodens mit
100 ml Orangensaft	tränken, den unteren Boden mit der Hälfte der lauwarmen Creme bestreichen, mit dem oberen Boden bedecken, leicht andrücken, die restliche Creme auf den oberen Boden geben, glattstreichen.

Zum Garnieren

2 Orangen (unbehandelt)	in dünne Scheiben schneiden, auf die Torte legen
2 EL Orangen-Konfitüre	durch ein Sieb in einen Topf streichen, mit
2 EL Orangenlikör	erhitzen, die Orangenscheiben damit bestreichen
100 g Brombeeren	verlesen, die Torte damit dekorieren.

Dobostorte

7 Eier trennen, Eigelb und die Hälfte von

150 g Puderzucker mit den Rührbesen des Hand-rührgerätes schaumig schlagen, das Eiweiß sehr steif schlagen, den restlichen Zucker einrieseln lassen
das Eiweiß auf die Eigelbmasse geben

100 g Weizenmehl
50 g Speisestärke mit mischen, auf die Eiermasse sieben, vorsichtig unterheben jeweils $1/6$ des Teiges in eine Springform füllen (Durchmesser 24 cm, Boden gefettet, mit Mehl bestäubt)

Ober-/Unterhitze etwa 200 °C (vorgeheizt)
Heißluft etwa 180 °C (nicht vorgeheizt)
Gas etwa Stufe 3 (vorgeheizt)
Backzeit pro Boden etwa 8 Minuten
die Böden sofort vom Spring-formboden lösen, auf einem Kuchenrost abkühlen lassen, Springformboden reinigen, Boden fetten, mit Mehl bestäu-ben und auf diese Weise 5 weitere Böden backen.

Für die Creme

150 g Zartbitter-Schokolade in kleine Stücke brechen, in einem kleinen Topf im Wasserbad bei schwacher Hitze geschmeidig rühren, aus dem Wasserbad nehmen und unter mehrmaligem Umrühren erkalten lassen

250 g Butter mit
150 g Puderzucker
2 Eigelb in einer Schüssel schaumig rühren
1 EL Kirschwasser dazugeben, eßlöffelweise die Schokolade dazurühren, einen Tortenboden beiseite legen, die restlichen Böden mit Creme bestreichen, $1/4$ der Creme für den Rand zurücklassen, die bestrichenen Böden zusammen-setzen.

Für die Karamelglasur

150 g Zucker mit
1 EL Zitronensaft in einem Topf unter ständigem Rühren erhitzen, bis er goldgelb ist, schnell den letzten unbe-strichenen Boden damit über-ziehen, mit einem gefetteten Messer den Rand sauber schneiden
den Boden mit einem frisch ge-fetteten Messer in 12 Torten-stücke teilen, die Stücke auf der Torte zusammensetzen.

Tip Die Dobostorte ist eine Spezialität aus der ungarischen und öster-reichischen Küche. Sie ist einfach in der Zubereitung.

Berliner Apfeltorte

Für den Teig

300 g Weizenmehl	mit
2 gestr. TL Backpulver	mischen, auf eine Arbeitsfläche sieben, in die Mitte eine Vertiefung eindrücken
100 g Zucker 1 Päckchen Vanillin-Zucker Salz	
1 Ei	hineingeben, mit einem Teil des Mehls zu einer dicken Masse verarbeiten
150 g kalte Butter	in Stücke schneiden, auf die Masse geben, mit Mehl bedecken, von der Mitte aus alle Zutaten schnell zu einem glatten Teig verkneten, sollte er kleben, ihn eine Zeitlang kalt stellen, etwa die Hälfte des Teiges auf dem Boden einer Springform (Durchmesser 28 cm, Boden gefettet) ausrollen, mehrmals mit einer Gabel einstechen, auf dem Rost in den Backofen schieben
Ober-/Unterhitze	200–220 °C (vorgeheizt)
Heißluft	180–200 °C (nicht vorgeheizt)
Gas	Stufe 3–4 (vorgeheizt)
Backzeit	etwa 15 Minuten.

Für die Füllung

1 kg Äpfel	schälen, vierteln, entkernen, in Stücke schneiden, mit
75-100 g Zucker 1 Päckchen Vanillin-Zucker	
1 gestr. TL gemahlenem Zimt 250 ml (¹/₄ l) Weißwein	unter Rühren gar dünsten lassen
50 g verlesene Rosinen 50 g abgezogene, gehackte Mandeln	hinzugeben, unterrühren
40 g Speisestärke mit 4 EL kaltem Wasser	anrühren, die Apfelmasse damit binden, die Füllung kalt stellen, mit Zucker abschmecken
	²/₃ des restlichen Teiges zu einer Platte in Größe der Springform (Durchmesser 28 cm) ausrollen, den übrigen Teig zu einer Rolle formen, die Rolle als Rand auf den Boden legen, so an die Form drücken, daß ein Rand von etwa 3 cm entsteht die Füllung auf dem Tortenboden verteilen, die Teigplatte darauf legen, in 12 Stücke einteilen die Form auf dem Rost in den Backofen schieben
Ober-/Unterhitze	200–220 °C (vorgeheizt)
Heißluft	180–200 °C (nicht vorgeheizt)
Gas	Stufe 3–4 (nicht vorgeheizt)
Backzeit	etwa 20 Minuten
1 Eigelb mit 1 EL kalter Milch	verschlagen, die Torte damit bestreichen.

Für die Makronenmasse

1 Eiweiß	steif schlagen, es muß so fest sein, daß ein Messerschnitt sichtbar bleibt

50 g Zucker	darunter nach und nach schlagen
50 g abgezogene, gemahlene Mandeln	unterheben, die Masse in einen Spritzbeutel mit Lochtülle füllen, auf die Tortenstücke spritzen die Form auf dem Rost in den Backofen schieben
Ober-/Unterhitze	200–220 °C (vorgeheizt)
Heißluft	180–200 °C (nicht vorgeheizt)
Gas	Stufe 3–4 (vorgeheizt)
Backzeit	etwa 15 Minuten.

Streifentorte

350 g Butter	mit den Rührbesen des Handrührgerätes geschmeidig rühren, nach und nach
350 g Zucker **1 Päckchen Vanillin-Zucker** **1/2 Fläschchen Rum-Aroma**	
7 Eier	nach und nach unterrühren (jedes Ei etwa 1/2 Minute)
175 g Weizenmehl	mit
175 g Speisestärke **1 Msp. Backpulver**	mischen, sieben, eßlöffelweise unterrühren, aus dem Teig 12 Böden backen, dafür jeweils gut 2 Eßlöffel des Teiges auf den Boden einer Springform (Durchmesser 28 cm, Boden gefettet)

	streichen (darauf achten, daß der Teig am Rand nicht zu dünn ist, damit der Boden dort nicht zu dunkel wird) jeden Boden ohne Springformrand im Backofen auf dem Rost backen, bis er hellgelb ist
Ober-/Unterhitze	180–200 °C (vorgeheizt)
Heißluft	160–180 °C (nicht vorgeheizt)
Gas	Stufe 3–4 (vorgeheizt)
Backzeit	je Boden 8–10 Minuten die Böden sofort nach dem Backen vom Springformboden lösen, zu einer Torte zusammensetzen, dabei jeden Boden dünn mit
rotem Gelee, z. B. Kirschgelee oder Johannisbeergelee	bestreichen, die oberste Schicht muß ein Boden sein, den Rand der Torte gerade schneiden die Torte schmeckt am besten, wenn sie einige Tage durchgezogen ist.
Tip	Vor dem Servieren die Torte mit Puderzucker bestäuben oder mit Schokoladen-Kuvertüre beziehen. Wer mag, kann die Torte in Stücke schneiden, einzeln mit Kuvertüre beziehen, garnieren und als Petits fours servieren.

Apfel-Rosinen-Torte

Für den Knetteig

100 g
Weizenmehl mit
1 Msp.
Backpulver mischen, in eine Rührschüssel sieben

50 g Zucker
1 Päckchen
Vanillin-Zucker
100 g Butter oder
Margarine in Stückchen hinzufügen, die Zutaten mit den Knethaken des Handrührgerätes zunächst kurz auf niedrigster, dann auf höchster Stufe gut durcharbeiten anschließend auf der Arbeitsfläche zu einem glatten Teig verkneten, sollte er kleben, ihn eine Zeitlang kalt stellen, den Teig auf einem Springformboden (Durchmesser 26 cm, Boden gefettet) ausrollen, mehrmals mit einer Gabel einstechen, mit dem Springformrand backen

Ober-/Unterhitze 200–220 °C (vorgeheizt)
Heißluft etwa 180 °C (nicht vorgeheizt)
Gas Stufe 3–4 (vorgeheizt)
Backzeit etwa 15 Minuten
den Boden sofort nach dem Backen vom Springformboden lösen, aber darauf erkalten lassen.

Für den Biskuitteig
5 Eier mit den Rührbesen des Handrührgerätes auf höchster Stufe in 1 Minute schaumig schlagen

175 g Zucker mit
1 Päckchen
Vanillin-Zucker mischen, in 1 Minute einstreuen, dann noch etwa 2 Minuten schlagen

150 g
Weizenmehl mit
1 Msp.
Backpulver mischen, die Hälfte davon auf die Eiercreme sieben, kurz auf niedrigster Stufe unterrühren, den Rest des Mehlgemisches auf dieselbe Weise unterarbeiten

100 g zerlassene,
etwas abgekühlte
Butter unterrühren
den Teig in eine Springform (Durchmesser 26 cm, Boden gefettet, mit Backpapier belegt) füllen

Ober-/Unterhitze 170–200 °C (vorgeheizt)
Heißluft 160–170 °C (nicht vorgeheizt)
Gas Stufe 3–4 (nicht vorgeheizt)
Backzeit etwa 25 Minuten
den Boden aus der Form lösen, auf einen Kuchenrost stürzen, erkalten lassen.

Für die Füllung
1 kg Äpfel schälen, vierteln, entkernen, in kleine Stücke schneiden, mit

30 g Butter
75 g Zucker
1 Päckchen
Vanillin-Zucker
Saft von
½ Zitrone

(Fortsetzung Seite 12)

50 g
abgezogenen,
gehackten
Mandeln
50 g verlesenen
Rosinen unter Rühren gar dünsten, kalt
stellen, den Knetteigboden mit

2 EL Himbeer-
gelee bestreichen, den Biskuitboden
zweimal waagerecht durch-
schneiden, den unteren Boden
auf den bestrichenen Knetteigboden legen, mit einem Tortenring umstellen, die Hälfte der
Apfelmasse auf den Biskuitboden
streichen, mit dem mittleren
Boden bedecken, ebenfalls mit
Apfelmasse bestreichen, mit dem
oberen Boden bedecken, gut
andrücken.

Zum Bestreichen
500 ml (¹/₂ l)
Schlagsahne mit
2 Päckchen
Sahnesteif
1 Päckchen
Vanillin-Zucker steif schlagen, den Tortenring
entfernen, Rand und obere Seite
der Torte mit der Sahnemasse
bestreichen und verzieren, mit

75 g
abgezogenen,
gehackten,
gebräunten
Mandeln bestreuen, die Torte mit
Apfelspalten garnieren.

Mokka-Sahne-Torte

Für den Knetteig
150 g
Weizenmehl in eine Rührschüssel sieben
2 schwach
gehäufte EL
Zucker
1 Päckchen
Vanillin-Zucker
100 g weiche
Butter hinzufügen, die Zutaten mit den
Knethaken des Handrührgerätes
zunächst kurz auf niedrigster,
dann auf höchster Stufe gut
durcharbeiten, anschließend auf
der Arbeitsfläche zu einem glatten
Teig verkneten, den Teig auf dem
umgedrehten Boden einer
Springform (Durchmesser 28 cm,
Boden gefettet) ausrollen, mehrmals mit einer Gabel einstechen,
den Boden ohne Springformrand
auf dem Rost in den Backofen
schieben
Ober-/Unterhitze 180–200 °C (vorgeheizt)
Heißluft 160–180 °C (nicht vorgeheizt)
Gas Stufe 3–4 (vorgeheizt)
Backzeit 15–20 Minuten
nach dem Backen den Tortenboden vom Springformboden
lösen, darauf erkalten lassen.

Für den Biskuitteig
2 Eier
2–3 EL heißes
Wasser mit den Rührbesen des Handrührgerätes auf höchster Stufe in
1 Minute schaumig schlagen

100 g Zucker 1 Päckchen Vanillin-Zucker	mischen, in 1 Minute einstreuen, dann noch etwa 2 Minuten schlagen
75 g Weizenmehl 50 g Speisestärke 1 gestr. TL Backpulver	mischen, die Hälfte davon auf die Eiercreme sieben, kurz auf niedrigster Stufe unterrühren, den Rest des Mehlgemisches auf die gleiche Weise unterarbeiten, den Teig in eine Springform (Durchmesser 28 cm, Boden gefettet, mit Backpapier belegt) füllen, glattstreichen die Form auf dem Rost in den Backofen schieben
Ober-/Unterhitze	180–200 °C (vorgeheizt)
Heißluft	160–180 °C (nicht vorgeheizt)
Gas	Stufe 3–4 (vorgeheizt)
Backzeit	25–30 Minuten sofort nach dem Backen den Tortenboden aus der Form lösen, auf einen Kuchenrost stürzen, das Papier abziehen, den Boden erkalten lassen, einmal durchschneiden.

Für die Füllung

etwa 250 g gedünstete Sauerkirschen	abtropfen lassen, 200 ml von dem Saft abmessen (evtl. mit Wasser ergänzen)
2 gehäufte EL Speisestärke	mit dem abgemessenen Saft anrühren, unter Rühren zum Kochen bringen, kurz aufkochen

	lassen, die Kirschen unterrühren, mit
Zucker	abschmecken, kalt stellen
2 EL löslichen Kaffee (für 2 Tassen)	mit
3 EL kochendem Wasser	verrühren, abkühlen lassen den Knetteigboden mit
2-3 EL Kirsch- Konfitüre	bestreichen, den unteren Biskuitboden auf den bestrichenen Knetteigboden legen die Kirschen darauf verteilen
750 ml (³/₄ l) Schlagsahne	¹/₂ Minute schlagen
3 Päckchen Sahnesteif	mit
2 EL gesiebtem Puderzucker 1 Päckchen Vanillin-Zucker	mischen, einstreuen, die Sahne steif schlagen, ¹/₃ davon abnehmen, unter die restliche Sahne den Kaffee heben, auf die Kirschen streichen, den oberen Biskuitboden darauf legen, etwas andrücken, die Torte ganz mit der Hälfte der zurückgelassenen Sahne bestreichen, die restliche Sahne in einen Spritzbeutel füllen die Torte in 16 gleich große Stücke teilen, Sahnetuffs auf die Tortenoberfläche spritzen, mit
Mokkabohnen	garnieren.

Frankfurter Kranz

Für den Teig

125 g weiche Butter oder Margarine	mit den Rührbesen des Handrührgerätes auf höchster Stufe in etwa ¹/₂ Minute geschmeidig rühren, nach und nach
175 g Zucker **1 Päckchen Vanillin-Zucker** **4 Tropfen Backöl Zitrone oder** **¹/₂ Fläschchen Rum-Aroma**	unterrühren, so lange rühren, bis eine gebundene Masse entstanden ist
4 Eier	nach und nach unterrühren (jedes Ei etwa ¹/₂ Minute)
200 g Weizenmehl	mit
50 g Speisestärke **2¹/₂ gestr. TL Backpulver**	mischen, sieben, eßlöffelweise auf mittlerer Stufe unterrühren den Teig in eine Frankfurter Kranzform (Durchmesser 26 cm, Boden gefettet) füllen die Form auf dem Rost in den Backofen schieben
Ober-/Unterhitze	180–200 °C (vorgeheizt)
Heißluft	160–170 °C (nicht vorgeheizt)
Gas	Stufe 2–3 (vorgeheizt)
Backzeit	40–50 Minuten.

Für die Buttercreme
aus

1 Päckchen Pudding-Pulver Vanille-Geschmack	mit
75–100 g Zucker **500 ml (¹/₂ l) kalter Milch**	nach der Vorschrift auf dem Päckchen einen Pudding zubereiten, kalt stellen, ab und zu durchrühren
250 g Butter	geschmeidig rühren, den Pudding eßlöffelweise darunter geben (darauf achten, daß weder Fett noch Pudding zu kalt sind, da sonst die Masse gerinnen kann).

Für den Krokant

1 TL Butter **75 g Zucker** **150 g abgezogene, gehackte Mandeln**	unter Rühren so lange erhitzen, bis der Krokant genügend gebräunt ist, ihn auf ein Stück Alufolie geben, erkalten lassen, den Kranz zweimal durchschneiden, die untere Gebäcklage mit
Kirsch-Konfitüre	bestreichen, die 3 Gebäcklagen mit Buttercreme zu einem Kranz zusammensetzen, den Kranz mit der Creme bestreichen (etwas von der Creme zurücklassen), mit Krokant bestreuen, mit zurückgelassener Creme verzieren, mit
Kirschen	garnieren.

Sterntalertorte

Für den Knetteig

100 g Weizenmehl	in eine Rührschüssel sieben
30 g Zucker	
1 Päckchen Vanillin-Zucker	
1 Eigelb	
1 EL saure Sahne	
50 g weiche Butter	hinzufügen

die Zutaten mit den Knethaken des Handrührgerätes kurz auf niedrigster, dann auf höchster Stufe gut durcharbeiten, anschließend auf der Arbeitsfläche zu einem glatten Teig verkneten den Teig auf dem Boden einer Springform (Durchmesser 24 cm, Boden gefettet) ausrollen, mehrmals mit einer Gabel einstechen, den Springformrand darum geben

Ober-/Unterhitze	200–220 °C (vorgeheizt)
Heißluft	180–200 °C (nicht vorgeheizt)
Gas	Stufe 3–4 (vorgeheizt)
Backzeit	etwa 15 Minuten

sofort nach dem Backen den Tortenboden vom Springformboden lösen, darauf erkalten lassen, dann auf eine Tortenplatte legen.

Für den Rührteig

100 g Halbbitter-Kuvertüre	in kleine Stücke schneiden, in einem kleinen Topf im Wasserbad bei schwacher Hitze zu einer geschmeidigen Masse verrühren, abkühlen lassen
100 g weiche Butter	mit den Rührbesen des Handrührgerätes geschmeidig rühren, nach und nach
50 g Zucker	
1 Päckchen Vanillin-Zucker	
4 Eigelb	
je 1 Prise Nelken-, Muskatnuß-, Zimt-, Anispulver	unterrühren, so lange rühren, bis eine gebundene Masse entstanden ist, die abgekühlte Kuvertüre unterrühren
4 Eiweiß	steif schlagen, auf die Creme geben
100 g Weizenmehl	mit
1 gehäuften TL Backpulver	mischen, sieben, zusammen mit
50 g abgezogenen, gemahlenen Mandeln	kurz auf niedrigster Stufe unterrühren, den Teig in eine Springform (Durchmesser 24 cm, Boden gefettet, mit Backpapier belegt) füllen
Ober-/Unterhitze	170–200 °C (vorgeheizt)
Heißluft	150–180 °C (nicht vorgeheizt)
Gas	Stufe 3–4 (nicht vorgeheizt)
Backzeit	35–40 Minuten

den Boden aus der Form lösen, stürzen, erkalten lassen, zweimal durchschneiden.

(Fortsetzung Seite 18)

Für die Buttercreme

½ Päckchen Pudding-Pulver Vanille-Geschmack
3 EL Zucker
1 Eigelb mit 5 Eßlöffeln von
250 ml (¼ l) kalter Milch anrühren, die übrige Milch zum Kochen bringen, von der Kochstelle nehmen, das angerührte Pudding-Pulver unter Rühren hineingeben, kurz aufkochen lassen, Pudding in eine Schüssel geben, mit Klarsichtfolie abdecken, erkalten lassen

150 g weiche Butter geschmeidig rühren, den abgekühlten Pudding eßlöffelweise unterrühren.

Zum Bestreichen

200 g Aprikosen-Konfitüre mit
3–4 EL Aprikosenlikör unter Rühren zum Kochen bringen, etwas einkochen lassen den Knetteigboden mit ⅓ davon bestreichen, mit dem unteren Biskuitboden belegen, zunächst mit Konfitüre und dann mit Buttercreme bestreichen, mit dem mittleren Boden bedecken, ebenfalls mit Konfitüre und Creme bestreichen, mit dem oberen Boden bedecken, die Torte kalt stellen.

Für den Guß

150 g Halbbitter-Kuvertüre in Stücke schneiden, mit
15 g Kokosfett in einem kleinen Topf im Wasserbad bei schwacher Hitze zu einer geschmeidigen Masse verrühren die Torte mit der restlichen Konfitüre bestreichen, mit dem Guß überziehen, etwas antrocknen lassen.

Für die Marzipansterne

70 g Marzipan-Rohmasse mit
3 EL gesiebtem Puderzucker verkneten, dünn auf
gesiebtem Puderzucker ausrollen, Sterne von beliebiger Größe ausstechen, auf die Torte legen, Guß fest werden lassen die Torte kurz vor dem Servieren mit
Puderzucker bestäuben.
Tip Wenn Sie aus der angewirkten Marzipanmasse Tierformen oder Zahlen ausstechen, dann können Sie diese Torte auch zu einem Kindergeburtstag reichen.

Blaubeer-Trüffel-Torte

Für den Teig

4 Eigelb	mit
4 EL heißem Wasser	schaumig rühren
125 g Zucker	
1 Päckchen Vanillin-Zucker	einrieseln lassen, rühren, bis sich der Zucker gelöst hat
50 g Weizenmehl	mit
50 g Buchweizen-mehl	
50 g abgezoge-nen, gemahlenen, Mandeln	
50 g Speisestärke	
1½ TL Backpulver	mischen, auf die Masse geben
4 Eiweiß	mit
50 g Zucker	sehr steif schlagen, auf den Teig geben, mit einem Schneebesen unterziehen, in eine Springform (Durchmesser 26 cm, Boden ge-fettet, mit Backpapier belegt) geben
Ober-/Unterhitze	etwa 200 °C (vorgeheizt)
Heißluft	etwa 180 °C (nicht vorgeheizt)
Gas	Stufe 3–4 (vorgeheizt)
Backzeit	25–30 Minuten den Teig gut auskühlen lassen, zweimal durchschneiden.

Für die Trüffelmasse

150 g weiße Kuvertüre	grob hacken
60 ml Schlag-sahne	mit
einigen Tropfen Rum-Aroma	kurz aufkochen lassen, Kuvertüre hinzugeben, so lange rühren, bis eine einheitliche Masse entstanden ist, diese in eine Schüssel geben, kalt stellen, die feste Masse mit
20 g weicher Butter	cremig schlagen.

Für die Sahne-Beeren-Mischung

400 ml Schlagsahne	mit
2 Päckchen Sahnesteif	steif schlagen, mit
3 EL Puderzucker	verrühren
400 g Blaubeeren	waschen, putzen, trockentupfen, Beeren unter die Sahne mischen, auf den untersten Boden die Trüffelmasse streichen, die Hälfte der Sahne-Beeren-Mischung darüber verteilen, den zweiten Boden darauf setzen, mit
200 g Preiselbeeren (aus dem Glas)	belegen, die restliche Sahne-Beeren-Masse darübergeben, den 3. Boden auflegen
200 ml Schlagsahne	mit
1 Päckchen Sahnesteif	
1 EL Puderzucker	steif schlagen, auf dem dritten Boden verteilen, den Rand mit
50 g geraspelter, weißer Schokolade	bestreuen
150 g Blaubeeren	waschen, gut abtropfen lassen, die Torte damit belegen, mit
8 Schokoblättern	
8 Minzeblättern	dekorieren, kühl stellen.

Friesische Weihnachtstorte

Für den Teig

250 g Weizenmehl mit
1 Msp. Backpulver mischen, in eine Rührschüssel sieben

2 Päckchen Vanillin-Zucker
1 Becher (150 g) Crème fraîche
175 g weiche Butter hinzufügen, die Zutaten mit den Knetkaken des Handrührgerätes zunächst kurz auf niedrigster, dann auf höchster Stufe gut durcharbeiten, anschließend auf der Arbeitsfläche zu einem glatten Teig verkneten, sollte er kleben, ihn eine Zeitlang kalt stellen den Teig in 4 gleich große Stücke teilen, jeweils ein Teigstück auf dem gefetteten Boden einer Springform (Durchmesser 28 cm) ausrollen (darauf achten, daß der Teigboden am Rand nicht zu dünn ist), mehrmals mit einer Gabel einstechen, den Springformrand darumlegen, schließen.

Für die Streusel

150 g Weizenmehl in eine Rührschüssel sieben, mit
75 g Zucker
1 Päckchen Vanillin-Zucker
1 Msp. gemahlenem Zimt mischen

100 g weiche Butter in Flöckchen dazugeben, die Zutaten mit den Knethaken des Handrührgerätes zu Streuseln von gewünschter Größe verarbeiten, die Teigböden gleichmäßig damit bedecken

Ober-/Unterhitze 200–220 °C (vorgeheizt)
Heißluft 180–200 °C (nicht vorgeheizt)
Gas Stufe 3–4 (vorgeheizt)
Backzeit etwa 15 Minuten
die Böden sofort nach dem Backen vom Springformboden lösen, einen der Böden in 12 Tortenstücke schneiden die Böden auf einem Kuchenrost erkalten lassen.

Für die Füllung

500 ml (1/2 l) Schlagsahne 1/2 Minute schlagen
25 g Zucker
2 Päckchen Sahnesteif
1 Päckchen Vanillin-Zucker mischen, einstreuen, die Sahne steif schlagen, in einen Spritzbeutel mit gezackter Tülle füllen die 3 unzerteilten Böden zunächst jeweils mit 1/3 von

450 g Pflaumenmus bestreichen, die Schlagsahne darauf spritzen, mit dem geschnittenen Boden zu einer Torte zusammensetzen, die Torte mit
Puderzucker bestäuben, kalt stellen, mit einem Sägemesser schneiden.

Frühlingstorte

Für den Teig

250 g weiche Butter oder Margarine	mit den Rührbesen des Handrührgerätes geschmeidig rühren, nach und nach
250 g Zucker **1 Päckchen Vanillin-Zucker**	
5 Eier	nach und nach unterrühren (jedes Ei etwa 1/2 Minute)
250 g Weizenmehl	mit
2 gestr. TL Backpulver	mischen, sieben, eßlöffelweise unterrühren, den Teig in eine Springform (Durchmesser 26 cm, Boden gefettet, mit Backpapier belegt) füllen
Ober-/Unterhitze	180–200 °C (vorgeheizt)
Heißluft	160–180 °C (nicht vorgeheizt)
Gas	Stufe 3–4 (nicht vorgeheizt)
Backzeit	45–55 Minuten den Tortenboden gut auskühlen lassen.

Für die Füllung

500 g Speisequark	mit
3 EL Zitronensaft	verrühren
500 ml (1/2 l) Schlagsahne	1/2 Minute schlagen
50 g Zucker **2 Päckchen Vanillin-Zucker**	mit
2 Päckchen Sahnesteif	mischen, einstreuen, die Sahne

steif schlagen, den Quark vorsichtig unterheben, den Tortenboden zweimal waagerecht durchschneiden, den unteren Boden mit der Hälfte von

4 EL Johannisbeergelee	und 1/3 der Quarksahne bestreichen, den mittleren Boden darauf legen, mit dem Rest Johannisbeergelee und der Hälfte der übrigen Quarksahne bestreichen, den oberen Boden darauf legen, Rand und obere Seite mit der restlichen Quarksahne bestreichen, den Rand der Torte mit
etwa 50 g gehackten Pistazienkernen oder abgezogenen, gehackten Mandeln	bestreuen 16 Blüten der Jahreszeit entsprechend als Papierschablonen schneiden, auf die Torte legen
2 TL Kakao **2 TL gesiebten Puderzucker**	mischen, die Torte damit bestäuben, die Schablonen vorsichtig abheben.
Tip	Diese Torte können Sie auch als Ostertorte Ihren Gästen anbieten. Dazu die Torte mit Schokoladeneiern oder Fondant dekorieren.

Himbeertorte

Für den Teig

125 g Weizenmehl	in eine Rührschüssel sieben
30 g Zucker	
Salz	
1 Ei	
65 g weiche Butter	hinzufügen, die Zutaten mit den Knethaken des Handrührgerätes zunächst kurz auf niedrigster, dann auf höchster Stufe gut durcharbeiten, anschließend auf der Arbeitsfläche zu einem glatten Teig verkneten, etwa 1 Stunde kalt stellen, 2/3 des Teiges auf dem Boden einer Springform (Durchmesser 26 cm, Boden gefettet) ausrollen, unter den restlichen Teig
1 EL Weizenmehl	kneten, zu einer Rolle formen, die Rolle als Rand auf den Teigboden legen, so an die Form drücken, daß ein 2 cm hoher Rand entsteht, den Teig mehrmals mit einer Gabel einstechen, die Form auf dem Rost in den Backofen schieben
Ober-/Unterhitze	etwa 200 °C (vorgeheizt)
Heißluft	etwa 180 °C (nicht vorgeheizt)
Gas	etwa Stufe 4 (vorgeheizt)
Backzeit	etwa 15 Minuten den gebackenen Boden aus der Form lösen, auf dem Springformboden erkalten lassen.

Für den Belag

750 g Himbeeren	verlesen, die Hälfte davon mit
60 g Zucker	zum Saftziehen stehenlassen, den Saft mit
Weißwein oder Wasser	auf 250 ml (1/4 l) auffüllen, den Saft,
1 Päckchen Tortenguß, rot	mit
25 g Zucker	nach Anleitung auf dem Päckchen zubereiten Himbeeren sofort unterheben und auf dem Boden verteilen den Tortenrand mit
2 EL Himbeergelee	bestreichen, mit
etwa 40 g abgezogenen, gehobelten, gebräunten Mandeln	bestreuen
100 ml Schlagsahne	steif schlagen, die Torte damit garnieren.
Tip	Anstelle der Himbeeren können Sie auch Erdbeeren verwenden.

Zuger Kirschtorte

(Fortsetzung Seite 26)

Für den Biskuitteig

4 Eigelb	
1 Eiweiß	
2–3 EL heißes	
Wasser	mit den Rührbesen des Handrührgerätes auf höchster Stufe in 1 Minute schaumig schlagen
100 g Zucker	mit
1 Päckchen	
Vanillin-Zucker	mischen, in 1 Minute einstreuen, dann noch etwa 2 Minuten schlagen
75 g Weizenmehl	mit
50 g Speisestärke	
1 gestr. TL	
Backpulver	mischen, die Hälfte davon auf die Eiercreme sieben, kurz auf niedrigster Stufe unterrühren, den Rest des Mehlgemisches auf dieselbe Weise unterarbeiten, den Teig in eine Springform (Durchmesser 28 cm, Boden gefettet, mit Backpapier belegt) füllen
Ober-/Unterhitze	180–200 °C (vorgeheizt)
Heißluft	160–180 °C (nicht vorgeheizt)
Gas	Stufe 3–4 (nicht vorgeheizt)
Backzeit	25–30 Minuten den Tortenboden aus der Form lösen, stürzen, erkalten lassen.

Für die Baisermasse

3 Eiweiß	steif schlagen, nach und nach eßlöffelweise
150 g Zucker	
1 Päckchen	
Vanillin-Zucker	unterschlagen

100 g abgezogene, gemahlene Mandeln	unterheben, aus der Masse zwei Baiserböden zubereiten, dazu jeweils die Hälfte in eine Springform (Durchmesser 28 cm, Boden gefettet, mit Backpapier belegt) geben, glattstreichen
Ober-/Unterhitze	100–110 °C (vorgeheizt)
Heißluft	80–100 °C (nicht vorgeheizt)
Backzeit	etwa 1 1/2 Stunden
Gas	etwa Stufe 1 (vorgeheizt) nach 30–40 Minuten den Ofen ausschalten, Boden noch etwa 20 Minuten im Ofen stehenlassen sobald die Böden gebacken sind, das Papier mit Wasser bestreichen, abziehen, bis zur weiteren Verwendung die Baiserböden in einem gut schließenden Gefäß aufbewahren, damit sie nicht weich werden.

Für die Buttercreme
aus

1 Päckchen Pudding-Pulver Himbeer-Geschmack	
75–100 g Zucker	
500 ml (1/2 l) kalter Milch	nach Anleitung auf dem Päckchen (aber mit 75–100 g Zucker) einen Pudding zubereiten, kalt stellen, ab und zu durchrühren
250 g Butter	geschmeidig rühren, den Pudding eßlöffelweise darunter geben,

(Fortsetzung Seite 26)

24

darauf achten, daß weder Butter noch Pudding zu kalt sind, da die Masse sonst gerinnen kann.

Zum Tränken des Biskuitbodens

6 EL Wasser	mit
60 g Zucker	aufkochen, erkalten lassen
6 EL Kirschwasser	hinzufügen, einen der Baiserböden mit ¼ der Buttercreme bestreichen, den Biskuitboden darauf legen, mit dem Kirschwasser beträufeln, mit knapp der Hälfte der übrigen Buttercreme bestreichen, den zweiten Baiserboden darauf legen, gut andrücken, Rand und obere Schicht der Torte mit der restlichen Creme gleichmäßig bestreichen
50 g abgezogene, gehobelte Mandeln	auf einem Backblech im Backofen unter Wenden leicht gelblich rösten, erkalten lassen, den Rand der Torte damit bestreuen, ein Messer in heißes Wasser tauchen, ein Gittermuster auf der Torte ziehen, kurz vor dem Servieren mit
25 g Puderzucker	bestäuben

die Torte läßt sich gut schneiden, wenn sie einen Tag vor dem Verzehr gefüllt wird.

Bananentorte mit Aprikosen

Für den Teig

250 g Weizenmehl	mit
½ gestr. TL Backpulver	mischen, in eine Schüssel sieben
75 g Zucker	
1 Päckchen Vanillin-Zucker	
Salz	
1 Ei	
125 g weiche Butter	hinzufügen, die Zutaten mit den Knethaken des Handrührgerätes zunächst kurz auf niedrigster, dann auf höchster Stufe gut durcharbeiten, anschließend auf der Arbeitsfläche zu einem glatten Teig verkneten, etwa 30 Minuten kalt stellen.

Für den Belag

1 Dose (480 g) Aprikosen	abtropfen lassen, den Saft auffangen
4 Bananen	schälen, beide Zutaten in Spalten bzw. Scheiben schneiden, mit
2 EL Zitronensaft	
1 EL Aprikosengeist	
25 g abgezogenen, gehackten Mandeln	vermengen, abgedeckt etwas durchziehen lassen, ⅔ des Teiges auf dem Boden einer Springform (Durchmesser 28 cm, Boden gefettet) ausrollen, den Teig am Springformrand etwa 2 cm

hochdrücken, den Teigboden
mehrmals mit einer Gabel
einstechen
die Form auf dem Rost in den
Backofen schieben

Ober-/Unterhitze 200–220 °C (vorgeheizt)
Heißluft 180–200 °C (nicht vorgeheizt)
Gas etwa Stufe 4 (vorgeheizt)
Backzeit etwa 15 Minuten
das vorbereitete Obst auf dem
vorgebackenen Boden verteilen,
nochmals bei gleicher Temperatur
etwa 10 Minuten backen.

Für den Guß

**1 Päckchen
Tortenguß, klar** mit
**25 g Zucker
250 ml (¹/₄ l)
Aprikosensaft
mit Wasser
aufgefüllt** nach Anleitung auf dem Päckchen
zubereiten, den Guß über die
kalte Torte verteilen.

Aprikosen-Mandel-Torte

Für den Teig

**250 g
Weizenmehl** mit
**2 gestr. TL
Backpulver** mischen, auf die Arbeitsfläche
sieben, in die Mitte eine Vertiefung eindrücken

**75 g Zucker
1 Päckchen
Vanillin-Zucker**

**1 Prise Salz
1 Ei** hinzugeben, mit einem Teil des
Mehls zu einer dicken Masse
verarbeiten
100 g kalte Butter in Stücke schneiden, auf die
Masse geben, mit Mehl bedecken,
von der Mitte aus alle Zutaten
schnell zu einem glatten Teig verkneten, sollte er kleben, ihn eine
Zeitlang kalt stellen, den Teig auf
dem Boden einer Springform
(Durchmesser 28 cm, Boden
gefettet) ausrollen, den Teig so an
die Form drücken, daß ein etwa
1¹/₂ cm hoher Rand entsteht.

Für den Belag

**100 g
abgezogene,
gemahlene
Mandeln** mit
**100 g Zucker
1 Ei
100 ml
Schlagsahne** zu einer geschmeidigen Masse
verrühren, auf den Teigboden
streichen

**1 Dose
Aprikosen (480 g)** abtropfen lassen, mit der
Innenseite nach oben auf dem
Belag verteilen, in die Vertiefung
jeder Aprikose jeweils eine
**abgezogene
Mandel** legen
die Form auf dem Rost in den
Backofen schieben

Ober-/Unterhitze 180–200 °C (vorgeheizt)
Heißluft 160–180 °C (nicht vorgeheizt)
Gas Stufe 3–4 (nicht vorgeheizt)
Backzeit etwa 45 Minuten.

Schokoladen-Sahne-Torte

Für den Teig

2 Eier
2–3 EL heißes
Wasser mit den Rührbesen des Handrührgerätes auf höchster Stufe in
1 Minute schaumig schlagen

100 g Zucker mit
1 Päckchen
Vanillin-Zucker mischen, in 1 Minute einstreuen,
dann noch etwa 2 Minuten
schlagen

75 g Weizenmehl mit
50 g Speisestärke
1 gestr. TL
Backpulver mischen, die Hälfte davon auf die
Eiercreme sieben, kurz auf nied-
rigster Stufe unterrühren, den
Rest des Mehlgemisches auf
dieselbe Weise unterarbeiten, den
Teig in eine Springform (Durchmesser 28 cm, Boden gefettet,
mit Backpapier belegt) füllen
die Form auf dem Rost in den
Backofen schieben

Ober-/Unterhitze 180–200 °C (vorgeheizt)
Heißluft 160–180 °C (nicht vorgeheizt)
Gas Stufe 3–4 (nicht vorgeheizt)
Backzeit 20–30 Minuten
den Tortenboden aus der Form
lösen, erkalten lassen.

Für die Füllung

175 g Zartbitter-
Schokolade in kleine Stücke brechen, in
einem kleinen Topf bei schwacher
Hitze zu einer geschmeidigen
Masse verrühren, abkühlen lassen

1 Päckchen
Gelatine
gemahlen, weiß mit
4 EL kaltem
Wasser in einem kleinen Topf anrühren,
10 Minuten quellen lassen, unter
Rühren erwärmen, bis sie gelöst
ist

750 ml (3 Becher)
Schlagsahne fast steif schlagen, die Gelatinelösung darunter rühren, die
Sahne vollkommen steif schlagen,
2 Eßlöffel davon unter die noch
flüssige Schokolade rühren, das
Gemisch unter die restliche Sahne
rühren, den Tortenboden einmal
durchschneiden, den unteren
Boden mit gut 2/3 der Füllung
bestreichen, den oberen Boden
darauf legen, gut andrücken,
Rand und obere Seite der Torte
mit etwas von der zurück-
gelassenen Sahne bestreichen,
den Rand mit

25 g geraspelter
Schokolade bestreuen, die Torte mit der
restlichen Sahne verzieren, mit

Schokoladen-
Täfelchen garnieren.
Tip Für ganz besondere Gäste können
Sie die Torte mit fertig gekauften
Pralinen dekorieren.

Trüffelrolle

Für den Biskuitteig

4 Eier
3 EL heißes
Wasser mit den Rührbesen des Handrührgerätes auf höchster Stufe in
1 Minute schaumig schlagen

125 g Zucker
1 Päckchen
Vanillin-Zucker mischen, in 1 Minute einstreuen,
dann noch etwa 2 Minuten
schlagen

75 g
Weizenmehl mit
50 g
Speisestärke
20 g Kakao
1 gestr. TL
Backpulver mischen, die Hälfte davon auf die
Eiercreme sieben, kurz auf nied-
rigster Stufe unterrühren den Rest
des Mehl-Kakao-Gemisches auf
dieselbe Weise unterarbeiten

50 g zerlassene,
abgekühlte
Butter nach und nach hinzufügen
den Teig etwa 1 cm dick auf ein
gefettetes, mit Backpapier belegtes Backblech streichen, an der
offenen Seite des Blechs das
Papier unmittelbar vor dem Teig
zur Falte knicken, so daß ein Rand
entsteht, das Backblech sofort in
den Backofen schieben

Ober-/Unterhitze 200–220 °C (vorgeheizt)
Heißluft 180–200 °C (nicht vorgeheizt)
Gas Stufe 4–5 (nicht vorgeheizt)
Backzeit 10–15 Minuten

Zucker den Biskuit sofort nach dem
Backen auf ein mit
bestreutes Geschirrtuch stürzen,
das Backpapier mit kaltem Wasser
bestreichen, vorsichtig, aber
schnell abziehen, den Biskuit mit
dem Geschirrtuch aufrollen, kalt
stellen.

Für die Füllung

400 g Halbbitter-
Kuvertüre fein schneiden
250 ml (¹/₄ l)
Schlagsahne zum Kochen bringen, von der
Kochstelle nehmen, die Kuvertüre
hineingeben, so lange mit einem
Schneebesen schlagen, bis eine
zusammenhängende, glänzende
Masse entstanden ist, unter
Rühren erkalten lassen

2 EL Zucker mit
6 EL Wasser zum Kochen bringen, so lange
rühren, bis sich der Zucker gelöst
hat, abkühlen lassen

6 EL Orangenlikör
oder
Aprikosenlikör unterrühren
die Biskuitrolle auseinanderrollen,
mit der Likörflüssigkeit tränken
die Schokoladencreme kräftig
aufschlagen, bis die Masse hell
und locker ist

75 g weiche
Butter geschmeidig rühren, mit
abgeriebener
Schale
von ¹/₂ Orange
(unbehandelt) unter die Schokoladencreme
rühren, ²/₃ der Masse auf den
Biskuit streichen, aufrollen, die

braune äußere Haut der Biskuitrolle vorsichtig entfernen, von der
restlichen Creme 2 Eßlöffel in
einen Spritzbeutel geben, mit der
übrigen Creme die Rolle bestreichen, mit Tuffs bespritzen, mit

Kakaopulver bestäuben.

Preiselbeer-Eierlikör-Torte

Für den Teig

3 Eier mit den Rührbesen des Handrührgerätes auf höchster Stufe in
1 Minute schaumig schlagen

100 g Zucker in 1 Minute einstreuen, dann
noch etwa 2 Minuten schlagen

**200 g gemahlene
Haselnußkerne** mit
**100 g geriebener
Blockschokolade** mischen, die Hälfte davon auf die
Eiercreme geben, kurz auf
niedrigster Stufe unterrühren, den
Rest des Nuß-Schokoladen-
Gemisches auf die gleiche Weise
unterarbeiten, den Teig in eine
Springform (Durchmesser 28 cm,
Boden gefettet, mit Backpapier
belegt) geben
die Form auf dem Rost in den
Backofen schieben

Ober-/Unterhitze 180–200 °C (vorgeheizt)
Heißluft 160–180 °C (nicht vorgeheizt)
Gas Stufe 3–4 (nicht vorgeheizt)
Backzeit 25–30 Minuten
sofort nach dem Backen den

Boden aus der Form lösen, auf
einen Kuchenrost stürzen, erkalten lassen.

Für den Belag
den Tortenboden mit

**225 g
Preiselbeeren
(aus dem Glas)** belegen
**500 ml ($1/2$ l)
Schlagsahne** $1/2$ Minute schlagen
**2 Päckchen
Sahnesteif** mit
**2 TL Zucker
etwas Vanillin-
Zucker** mischen, einstreuen, die Sahne
steif schlagen, $2/3$ der Schlagsahne auf die Preiselbeeren
streichen, die restliche Sahne in
einen Spritzbeutel mit Sterntülle
füllen
einen Rand auf die Tortenoberfläche spritzen, die Tortenmitte
mit
4–5 EL Eierlikör ausfüllen, nach Belieben noch
Eierlikör dazureichen.
Tip Statt der Preiselbeeren können
Sie auch die nordamerikanischen
Variante, die Cranberries, be-
nutzen.

Pischinger Torte

(Foto)

	Für den Krokant
1 Msp. Butter	mit
60 g Zucker	erhitzen, bis die Masse leicht gebräunt und der Zucker gelöst ist
125 g abgezogene, gehackte Mandeln	hinzufügen, unter Rühren erhitzen, bis der Krokant genug gebräunt ist, auf ein geöltes Backblech geben, die erkaltete Krokantmasse mit einem Teigroller zerdrücken
250 g Butter	mit den Rührbesen des Handrührgerätes geschmeidig rühren,
50 g gesiebten Puderzucker	nach und nach unterrühren, so lange rühren, bis eine gebundene Masse entstanden ist
3 Eier	nach und nach unterrühren (jedes Ei etwa 1/2 Minute)
200 g Zartbitter-Schokolade	in kleine Stücke brechen, in einem kleinen Topf im Wasserbad bei schwacher Hitze geschmeidig rühren, etwas abkühlen lassen, unter die Buttercreme rühren, 2 Eßlöffel von der Schokoladencreme abnehmen, beiseite stellen, unter die restliche Creme den Krokant rühren, auf
2 Packungen Karlsbader Oblaten (je 5 Stück)	streichen, die Oblaten zu einer

Torte zusammensetzen, den Tortenrand mit der zurückgelassenen Creme bestreichen, die Torte einige Zeit kalt stellen

100 g Zartbitter-Schokolade	in kleine Stücke brechen, mit
etwas Kokosfett	in einem kleinen Topf im Wasserbad bei schwacher Hitze geschmeidig rühren, die Torte damit bestreichen, einige Stunden kalt stellen, die Torte mit einem sehr scharfen, in heißes Wasser getauchten Messer in Stücke schneiden.
Tip	Die Eier müssen, da sie nicht erhitzt werden, absolut frisch sein.

Kartoffeltorte

250 g gekochte, warme Kartoffeln	durch ein Sieb passieren
3 Eigelb	mit
180 g Zucker	mit den Rührbesen des Handrührgerätes schaumig rühren, die warmen Kartoffeln hinzufügen
50 g gemahlene Haselnüsse	
2 EL Rum	unterrühren
3 Eiweiß	steif schlagen, unterheben
Semmelbröseln	den Teig in eine gefettete mit ausgestreute Springform füllen
Ober-/Unterhitze	170–200 °C (vorgeheizt)
Heißluft	150–170 °C (nicht vorgeheizt)
Gas	etwa Stufe 3 (vorgeheizt)
Backzeit	30–35 Minuten

(Fortsetzung Seite 34)

300 g Aprikosen-Konfitüre	
6 EL Wasser	unter Rühren etwas einkochen lassen, die Torte waagerecht einmal durchschneiden, ²/₃ der Aprikosenkonfitüre auf den unteren Boden streichen, die Torte zusammensetzen, die restliche Aprikosenkonfitüre auf der Oberfläche und am Rand verstreichen
Zartbitter-Kuvertüre	im Wasserbad bei milder Hitze schmelzen, die Torte damit überziehen
weiße Kuvertüre	ebenfalls schmelzen, in eine kleine Spritztüte füllen, Phantasiemuster auf die Torte spritzen.

die Torte aus der Form nehmen, stürzen, erkalten lassen

Pfirsich-Nuß-Sahnetorte

Für den Knetteig

100 g Weizenmehl	in eine Rührschüssel sieben
25 g Zucker	
1 Päckchen Vanillin-Zucker	
75 g weiche Butter	hinzufügen, die Zutaten mit den Knethaken des Handrührgerätes zunächst auf niedrigster, dann auf höchster Stufe gut durcharbeiten, anschließend auf der Arbeitsfläche zu einem glatten Teig verkneten, den Teig auf dem umgedrehten Boden einer Springform (Durchmesser 26 cm) ausrollen, mehrmals mit einer Gabel einstechen die Form auf dem Rost in den Backofen schieben
Ober-/Unterhitze	200–220 °C (vorgeheizt)
Heißluft	180–200 °C (nicht vorgeheizt)
Gas	Stufe 3–4 (vorgeheizt)
Backzeit	etwa 10 Minuten sofort nach dem Backen den Boden vom Springformboden lösen, erkalten lassen.

Für den Biskuitteig

3 Eier	mit
3–4 EL heißem Wasser	mit den Rührbesen des Handrührgerätes auf höchster Stufe in 1 Minute schaumig schlagen
150 g Zucker	in 1 Minute einstreuen, dann noch etwa 2 Minuten schlagen
100 g Weizenmehl	mit
100 g Speisestärke	
30 g Kakao	
3 gestr. TL Backpulver	mischen, die Hälfte davon auf die Eiercreme sieben, kurz auf niedrigster Stufe unterrühren, den Rest des Mehlgemisches auf dieselbe Weise unterarbeiten, den Teig in eine Springform (Durchmesser 26 cm, Boden gefettet, mit Backpapier belegt) füllen die Form auf dem Rost in den Backofen schieben
Ober-/Unterhitze	180–200 °C (vorgeheizt)
Heißluft	160–180 °C (nicht vorgeheizt)
Gas	Stufe 3–4 (vorgeheizt)
Backzeit	etwa 30 Minuten

	den Tortenboden sofort nach dem Backen aus der Form lösen, das Papier abziehen, den erkalteten Tortenboden zweimal waagerecht durchschneiden
75 g Marzipan-Rohmasse **1 EL Aprikosen-Konfitüre** **1 EL Rum**	mit verrühren, auf den Knetteigboden streichen, einen Biskuitboden darauf legen, gut andrücken
1 Dose (470 g) Pfirsiche	abtropfen lassen, auf dem Biskuitteigboden verteilen.
	Für die Füllung
750 ml (³/₄ l) Schlagsahne **3 Päckchen Sahnesteif** **1 Päckchen Vanillin-Zucker**	mit steif schlagen, die Sahne halbieren, unter eine Hälfte
150 g gemahlene, leicht geröstete Haselnußkerne	(2 Eßlöffel für den Rand zurücklassen)
1 EL gesiebten Puderzucker	heben, die Nußsahne auf die Pfirsiche streichen, mit dem zweiten Biskuitboden bedecken, etwas andrücken, mit
2 EL Rum	beträufeln, die Hälfte der Schokoladensahne darauf streichen
125 g Marzipan-Rohmasse **50 g gesiebtem Puderzucker**	mit verkneten, in der Größe des

	Biskuitbodens ausrollen, den dritten Biskuitboden dünn mit
Aprikosen-Konfitüre	bestreichen, die Marzipandecke darauf legen, mit
200 g aufgelöster Zartbitter-Schokolade	die Torte überziehen, kurz kalt stellen, damit die Schokolade fest wird, die restliche Schokolade unter die Sahne heben, den Biskuit-Marzipan-Schokoladen-Boden in 16 Stücke schneiden, auf der Schokoladensahne der Torte anordnen, mit der restlichen Schokoladensahne den Tortenrand bestreichen (etwas Sahne in einen Spritzbeutel mit gezackter Tülle füllen), den Tortenrand mit den zurückgelassenen Haselnußkernen bestreuen, die Torte mit der Sahne aus dem Spritzbeutel verzieren, nach Belieben mit
Haselnußkernen Schokoblättchen	garnieren.

Spanische Vanilletorte

(Foto)

Für den Teig

150 g Marzipan-Rohmasse	
6 Eigelb	mit den Rührbesen des Hand-rührgerätes cremig rühren
100 g Zucker	
abgeriebene Schale von 1 Zitrone (unbehandelt)	
Mark von 2 Vanilleschoten	
1 Prise Salz	nach und nach unterrühren
200 g Zartbitter-Kuvertüre	grob hacken, mit
100 g gehackten Walnußkernen	vermengen, mit
9 EL Marsala	beträufeln
75 g Weizenmehl	mit
75 g Speisestärke	
2 gestr. TL Backpulver	mischen, sieben, mit der Kuver-türe-Mandel-Masse vermengen
6 Eiweiß	steif schlagen, Kuvertüremasse und Eischnee abwechselnd unter die Marzipan-Eigelb-Masse heben, den Teig in eine Springform (Durchmesser 24 cm, Boden gefettet, mit Backpapier belegt) füllen, glattstreichen
Ober-/Unterhitze	etwa 170 °C (vorgeheizt)
Heißluft	etwa 150 °C (nicht vorgeheizt)
Gas	Stufe 2–3 (vorgeheizt)
Backzeit	etwa 45 Minuten die Form auf einen Kuchenrost stürzen, erst nach etwa 8 Minuten die Form abheben

2 EL Aprikosen-Konfitüre (durch ein Sieb gestrichen)	verrühren, die noch warme Torte damit bestreichen, die Torte ganz auskühlen lassen.

Für den Guß

2 EL Zucker	mit
4 EL Wasser	zum Kochen bringen, so lange kochen lassen, bis sich der Zucker aufgelöst hat (klar kochen)
150 g Vollmilch-Schokolade	in kleine Stücke brechen, zu der Zuckerlösung geben, so lange rühren, bis der Guß glänzt, die erkaltete Torte damit überziehen.

Blitztorte

Für den Boden

1 fertigen Wiener Boden, hell (3 Teig-böden Inhalt)	auf eine Tortenplatte legen, mit
2 EL Amaretto (Mandellikör)	den Boden tränken.

Für die Füllung

1 Päckchen Vanille Dessert Instant, Paradiescreme	mit
200 ml Milch	nach Packungsanleitung zubereiten
150 g Mascarpone	

(Fortsetzung Seite 38)

oder

Sahnequark unterheben, 1/3 der Creme auf den unteren Boden streichen, den zweiten Boden darauf legen, mit 1/3 Creme bestreichen, den dritten Boden darauf legen die Torte mit der restlichen Creme bestreichen, kurze Zeit kalt stellen

250 g Johannisbeeren rot, schwarz und evtl. weiß waschen, gut abtropfen lassen, mit einer Gabel von den Stielen streifen, auf der Torte verteilen

50 g Vollmilch-Kuvertüre schaben, damit den Rand und die Oberfläche üppig garnieren, nach Belieben mit einigen

Zitronenmelissenblättchen verzieren.

Kirsch-Schokoladen-Torte

Für den Teig

100 g Butter mit den Rührbesen des Handrührgerätes geschmeidig rühren

100 g Zucker
1 Päckchen Vanillin-Zucker
Salz
2 Eier nach und nach unterrühren (jedes Ei etwa 1/2 Minute)

150 g Weizenmehl mit
1 1/2 gestr. TL Backpulver

15 g Kakao mischen, sieben, abwechselnd eßlöffelweise mit

etwa 3 EL Milch unterrühren, den Teig in die Tortenbodenform (Durchmesser 28 cm, Boden gefettet) füllen

Ober-/Unterhitze 180–200 °C (vorgeheizt)
Heißluft 160–180 °C (nicht vorgeheizt)
Gas Stufe 3–4 (nicht vorgeheizt)
Backzeit etwa 25 Minuten den Tortenboden stürzen, auf einem Kuchenrost auskühlen lassen.

Für den Belag

750 g Sauerkirschen waschen, entstielen, entsteinen, mit

75 g Zucker vermengen, kurze Zeit zum Saftziehen stehenlassen, kurz aufkochen, abtropfen und erkalten lassen, oder

500 g entsteinte Sauerkirschen (aus dem Glas) abtropfen lassen, von dem Saft 250 ml (1/4 l) abmessen (evtl. mit Wasser ergänzen)

40 g Speisestärke mit 4 Eßlöffeln von dem Saft anrühren, den übrigen Saft zum Kochen bringen, die angerührte Speisestärke unter Rühren in den von der Kochstelle genommenen Kirschsaft geben, kurz aufkochen lassen, die Kirschen unterrühren (16 Kirschen zum Garnieren zurücklassen), kalt stellen

25 g Zucker
3 EL Kirschwasser unter die Masse rühren, auf den Tortenboden streichen

500 ml (1/2 l) Schlagsahne 1/2 Minute schlagen

1 Päckchen	
Vanillin-Zucker	mit
1 TL Zucker	
2 Päckchen	
Sahnesteif	mischen, einstreuen, die Sahne steif schlagen
75 g Zartbitter-	
Schokolade	in kleine Stücke brechen, in einem kleinen Topf im Wasserbad bei schwacher Hitze zu einer geschmeidigen Masse verrühren, abkühlen lassen, gut 1/3 der Sahne in einen Spritzbeutel mit gezackter Tülle füllen, unter die restliche Sahne vorsichtig die lauwarme Schokolade rühren, gleichmäßig auf die Kirschen streichen, darüber ein Gitter (Linien in Abständen von etwa 6 cm) spritzen, in jedes entstandene Quadrat einen Tuff spritzen, darauf eine Kirsche setzen.

Diplomatentorte

Für den Teig

4 Eier	
3–4 EL heißes	
Wasser	mit den Rührbesen des Handrührgerätes auf höchster Stufe in 1 Minute schaumig schlagen
125 g Zucker	mit
1 Päckchen	
Vanillin-Zucker	mischen, in 1 Minute einstreuen, noch etwa 2 Minuten schlagen

100 g	
Weizenmehl	mit
1 Päckchen	
Pudding-Pulver	
Vanille-	
Geschmack	
1 gestr. TL	
Backpulver	mischen, die Hälfte davon auf die Eiercreme sieben, kurz auf niedrigster Stufe unterrühren, den Rest des Mehlgemisches auf dieselbe Weise unterarbeiten, den Teig etwa 1 cm dick auf ein gefettetes, mit Backpapier belegtes Backblech streichen, an der offenen Seite des Blechs das Papier unmittelbar vor dem Teig zu einer Falte knicken, so daß ein Rand entsteht, sofort in den Backofen schieben
Ober-/Unterhitze	180–200 °C (vorgeheizt)
Heißluft	160–180 °C (nicht vorgeheizt)
Gas	Stufe 3–4 (vorgeheizt)
Backzeit	etwa 10 Minuten den Biskuit sofort nach dem Backen auf ein mit Zucker bestreutes Geschirrtuch stürzen, das Backpapier mit kaltem Wasser bestreichen, vorsichtig, aber schnell abziehen, das Gebäck mit
4–5 EL	
Kirsch-	
Konfitüre	bestreichen, von der längeren Seite aufrollen, kalt stellen die Biskuitrolle in Scheiben schneiden, die Randstücke zurücklassen, eine Schüssel mit abgerundetem Boden mit den

(Fortsetzung Seite 40)

Biskuitscheiben auslegen, etwas zusammendrücken.

Für die Füllung
aus

**1 Päckchen
Götterspeise
Zitrone-
Geschmack
150 g Zucker
250 ml (¹/₄ l)
Weißwein** nach der Anleitung auf dem Päckchen eine Götterspeise zubereiten

**250 ml (¹/₄ l)
Schlagsahne** steif schlagen, sobald die Speise anfängt dicklich zu werden, die Sahne unterheben, die Creme auf die Biskuitscheiben füllen, glattstreichen, die zurückgelassenen Randstücke auseinanderrollen, die Creme damit bedecken, kalt stellen, sobald die Creme fest geworden ist (nach etwa 1 Stunde), die Torte auf eine Platte stürzen.

Käsetorte

(Foto)

Für den Teig

**150 g
Weizenmehl** in eine Rührschüssel sieben
**40 g Zucker
1 Päckchen
Vanillin-Zucker
100 g weiche
Butter** hinzufügen, die Zutaten mit den Knethaken des Handrührgerätes

zunächst kurz auf niedrigster, dann auf höchster Stufe gut durcharbeiten, anschließend auf der Arbeitsfläche zu einem glatten Teig verkneten, sollte er kleben, ihn eine Zeitlang kalt stellen, den Teig auf dem Boden einer Springform (Durchmesser etwa 28 cm, Boden gefettet) ausrollen.

Für den Belag

**250 g weiche
Butter** geschmeidig rühren, nach und nach

**200 g Zucker
1 Päckchen
Vanillin-Zucker
7 Eigelb
Salz
abgeriebene
Schale
von 1 Zitrone
(unbehandelt)**
3 EL Zitronensaft unterrühren, nach und nach
1 kg Magerquark mit
**1 Päckchen
Käsekuchen-Hilfe** unter den Teig rühren
7 Eiweiß steif schlagen, unter die Käsemasse heben, auf dem Teigboden verteilen, glattstreichen
Ober-/Unterhitze 160–170 °C (vorgeheizt)
Heißluft 150–160 °C (nicht vorgeheizt)
Gas etwa Stufe 2 (nicht vorgeheizt)
Backzeit 70–80 Minuten
die gebackene Torte noch 30–45 Minuten im ausgeschalteten Backofen, bei geöffneter Backofentür stehenlassen, erst dann die Torte herausnehmen, in der Form erkalten lassen.

Preiselbeertorte

Für den Teig

200 g weiche Butter oder Margarine mit den Rührbesen des Handrührgerätes auf höchster Stufe in etwa 1/2 Minute geschmeidig rühren, nach und nach

200 g Zucker 1 Päckchen Vanillin-Zucker Salz unterrühren, so lange rühren, bis eine gebundene Masse entstanden ist

2 Eier 1 Eigelb nach und nach unterrühren (jedes Ei etwa 1/2 Minute)

250 g Weizenmehl mit **3 gestr. TL Backpulver** mischen, sieben, eßlöffelweise auf mittlerer Stufe unterrühren.

Für den Belag

1 Eiweiß verschlagen, für 4 Böden jeweils gut 2 Eßlöffel des Teiges auf einen Springformboden (Durchmesser etwa 28 cm, Boden gefettet), streichen (darauf achten, daß die Teiglage am Rand nicht zu dünn ist, da der Boden sonst zu dunkel wird), die Böden mit 1/4 von dem Eiweiß bestreichen, mit 1/4 von

125 g abgezogenen, gehobelten Mandeln bestreuen die Form auf dem Rost in den Backofen schieben

Ober-/Unterhitze 180–200 °C (vorgeheizt)
Heißluft 160–180 °C (nicht vorgeheizt)
Gas Stufe 3–4 (vorgeheizt)
Backzeit etwa 15 Minuten die Böden sofort nach dem Backen vom Springformboden lösen.

Für die Füllung

3 gestr. TL Gelatine gemahlen, weiß in einem kleinen Topf mit **3 EL kaltem Wasser** anrühren, 10 Minuten zum Quellen stehenlassen, unter Rühren erwärmen, bis sie gelöst ist, kühl stellen

500 ml (1/2 l) Schlagsahne fast steif schlagen, die lauwarme Gelatinelösung unter Schlagen nach und nach hinzufügen, die Sahne vollkommen steif schlagen

etwa 300 g Preiselbeeren abspülen, verlesen oder **175 g Preiselbeeren aus dem Glas** abtropfen lassen, mit der Sahnemasse vermengen, in 3 gleiche Portionen teilen, die einzelnen Böden mit der Füllung bestreichen, die Böden zu einer Torte zusammensetzen, die oberste Schicht muß aus einem Boden bestehen, die Torte nach Belieben mit **Puderzucker** bestäuben.

Rhabarbertorte mit Baiser

Für den Teig

150 g Weizenmehl 1 Msp. Backpulver	mit mischen, in eine Rührschüssel sieben
65 g Zucker 1 Ei etwas abgeriebene Schale von 1 Zitrone (unbehandelt) 65 g weiche Butter	hinzufügen, die Zutaten mit den Rührbesen des Handrührgerätes zunächst kurz auf niedrigster, dann auf höchster Stufe gut durcharbeiten, anschließend auf der Arbeitsfläche zu einem glatten Teig verkneten, etwa 30 Minuten kalt stellen, 2/3 des Teiges auf dem Boden der Springform (Durchmesser 26 cm, Boden gefettet) verteilen, den Rest des Teiges mit
1 EL Weizenmehl	verkneten, damit einen 2 cm hohen Rand an dem Springformrand hochziehen die Form auf dem Rost in den Backofen schieben
Ober-/Unterhitze	etwa 200 °C (vorgeheizt)
Heißluft	etwa 180 °C (nicht vorgeheizt)
Gas	Stufe 3–4 (vorgeheizt)
Backzeit	etwa 15 Minuten den gebackenen Tortenboden sofort lösen, auf dem Springformboden auskühlen lassen.

Für den Belag

1¹/₂ kg Rhabarber	putzen, waschen, in 3 cm lange Stücke schneiden, mit
250 g Zucker 2 Päckchen Vanillin-Zucker	vermengen, einige Zeit zum Saftziehen stehenlassen
1 Stück Zitronenschale (unbehandelt)	hinzufügen, den Rhabarber in einen großen, flachen Topf geben, zugedeckt etwa 5 Minuten dünsten lassen (Rhabarber darf nicht zerfallen), die Zitronenschale entfernen
35 g Speisestärke 6 EL Weißwein	mit anrühren, den Rhabarber binden, im kalten Wasserbad erkalten lassen, auf dem Boden verteilen.

Für das Baiser

5 Eiweiß	steif schlagen
250 g Zucker	nach und nach unterschlagen
etwas Zitronensaft	hinzufügen, die Baisermasse in einen Spritzbeutel mit großer Sterntülle füllen, auf den Rhabarber spritzen die Torte auf dem Rost in den Backofen schieben
Ober-/Unterhitze	zuerst etwa 20 Minuten bei etwa 100 °C (vorgeheizt), dann etwa 5 Minuten bei 220 °C
Heißluft	zuerst etwa 20 Minuten bei etwa 80 °C (nicht vorgeheizt), dann etwa 5 Minuten bei 200 °C
Gas	zuerst etwa 20 Minuten bei etwa Stufe 1–2 (vorgeheizt), dann etwa 5 Minuten bei Stufe 1.

Biskuitrollentorte „Exotic"

Für den Knetteig

125 g Weizenmehl	in eine Rührschüssel sieben
40 g Zucker	
1 Päckchen Vanillin-Zucker	
80 g Butter oder Margarine	in Stückchen hinzufügen die Zutaten mit den Knethaken des Handrührgerätes zunächst kurz auf niedrigster, dann auf höchster Stufe gut durcharbeiten, anschließend auf der Arbeitsfläche zu einem glatten Teig verkneten, sollte er kleben, ihn eine Zeitlang kalt stellen den Teig auf dem Boden einer Springform (Durchmesser 26 cm, Boden gefettet) ausrollen, mehrmals mit einer Gabel einstechen, mit Springformrand backen
Ober-/Unterhitze	200–220 °C (vorgeheizt)
Heißluft	etwa 180 °C (nicht vorgeheizt)
Gas	Stufe 3–4 (vorgeheizt)
Backzeit	etwa 15 Minuten den Boden sofort nach dem Backen vom Springformboden lösen, aber darauf erkalten lassen.

Für den Biskuitteig

3 Eier	mit
5–6 EL heißem Wasser	mit den Rührbesen des Handrührgerätes auf höchster Stufe in 1 Minute schaumig schlagen
150 g Zucker	
1 Päckchen Vanillin-Zucker	mischen, in 1 Minute einstreuen, noch etwa 2 Minuten schlagen
100 g Weizenmehl	mit
50 g Speisestärke	
1 gestr. TL Backpulver	mischen, die Hälfte davon auf die Eiercreme sieben, kurz auf niedrigster Stufe unterrühren, den Rest des Mehlgemisches auf dieselbe Weise unterarbeiten den Teig auf ein gefettetes, mit Backpapier belegtes Backblech streichen, an der offenen Seite des Blechs das Papier unmittelbar vor dem Teig zur Falte knicken, so daß ein Rand entsteht
Ober-/Unterhitze	200–220 °C (vorgeheizt)
Heißluft	etwa 180 °C (nicht vorgeheizt)
Gas	Stufe 3–4 (vorgeheizt)
Backzeit	10–15 Minuten den Biskuit sofort nach dem Backen auf ein mit
Zucker	bestreutes Geschirrtuch stürzen, das Backpapier mit kaltem Wasser bestreichen, vorsichtig, aber schnell abziehen, den Biskuit mit
200 g Erdbeer-Konfitüre	bestreichen, von der kürzeren Seite her aufrollen, erkalten lassen, in 14 Scheiben schneiden den Springformrand wieder um den Knetteigboden legen, mit
1 EL Pfirsich-Maracuja-Konfitüre	bestreichen, dicht mit den Biskuitrollenscheiben belegen.

(Fortsetzung Seite 46)

Für den Belag
aus

1 Päckchen
Dessert-Soße
Vanille-
Geschmack
40 g Zucker
250 ml (^{1}/$_4$ l)
Milch   nach Anleitung auf der Packung (aber nur mit 250 ml (^{1}/$_4$ l) Milch) einen Pudding zubereiten, etwas abkühlen lassen, ab und zu durchrühren, in die Form geben, glattstreichen

750 g vorbe-
reitetes Obst
(z. B. Kiwis
Litschis,
Karambole,
Erdbeeren)   in Scheiben schneiden, auf dem Pudding verteilen.

Für den Guß

1 Päckchen
gezuckerter
Tortenguß, klar   mit
250 ml (^{1}/$_4$ l)
Apfelsaft
1 EL Zitronensaft   nach Anleitung zubereiten, über das Obst verteilen, fest werden lassen, Springformrand entfernen.

Für den Rand

gut 3 EL Erdbeer-
Konfitüre   durch ein Sieb streichen, den Rand der Torte bestreichen, mit
25 g
Kokosraspeln   bestreuen.

Nektarinentorte

Für den Teig
5 Eier   mit
165 g Zucker
1 Päckchen
Vanillin-Zucker
Salz
abgeriebener
Schale von
1 Zitrone
(unbehandelt)   in einem Topf im heißen Wasserbad mit den Rührbesen des Handrührgerätes auf höchster Stufe etwa 7 Minuten schlagen, aus dem Wasserbad nehmen und weitere 7 Minuten schlagen

100 g
Weizenmehl   mit
100 g
Speisestärke   mischen, auf die Eiermasse sieben, unterziehen

60 g zerlassene
Butter oder
Margarine   unterrühren, den Teig in eine Springform (Durchmesser 28 cm, Boden gefettet, mit Backpapier belegt) füllen, glattstreichen, die Form auf dem Rost in den Backofen schieben

Ober-/Unterhitze   180–200 °C (vorgeheizt)
Heißluft   160–180 °C (nicht vorgeheizt)
Gas   Stufe 2–3 (nicht vorgeheizt)
Backzeit   30–35 Minuten
sofort nach dem Backen den Boden aus der Form lösen, auf einen Kuchenrost stürzen, erkalten lassen, zweimal waagerecht durchschneiden.

Für den Belag

1¹/₄ kg Nektarinen kurze Zeit in kochendes Wasser legen (nicht kochen lassen), enthäuten, halbieren, entsteinen

500 ml (¹/₂ l) Weißwein mit
125 ml (¹/₈ l) Wasser
125 g Zucker zum Kochen bringen, die Nektarinenhälften darin zum Kochen bringen, 3–4 Minuten kochen, abtropfen lassen, den Saft auffangen.

Für die Füllung

500 ml (¹/₂ l) Nektarinensaft mit
2 EL Zitronensaft verrühren, ¹/₃ davon abnehmen, mit

4 Eigelb
20 g Speisestärke verrühren, den übrigen Saft zum Kochen bringen, das angerührte Eigelb unter Rühren hinzufügen, aufkochen, erkalten lassen

1 Päckchen Gelatine gemahlen, weiß mit
5 EL kaltem Wasser anrühren, 10 Minuten zum Quellen stehenlassen, gut ¹/₃ der Nektarinen in kleine Würfel schneiden

3–4 EL Aprikosen-Likör mit
500 ml (¹/₂ l) Schlagsahne vermengen, steif schlagen, die gequollene Gelatine unter Rühren erwärmen, bis sie gelöst ist, mit den Nektarinenwürfeln unter die

erkaltete Fruchtsaftcreme rühren, die steifgeschlagene Sahne unterheben

3–4 EL Aprikosen-Likör mit
4 EL Nektarinensaft verrühren, die drei Biskuitböden damit beträufeln, den Springformrand innen mit Backpapier auslegen, den untersten Biskuitboden auf eine Tortenplatte legen, den Springformring darum legen, die Hälfte der Sahne-Frucht-Creme auf den untersten Boden streichen, mit dem mittleren Boden bedecken, die restliche Sahne-Frucht-Creme darauf verteilen, den dritten Biskuitboden mit der gebräunten Seite nach oben darauf legen, etwas andrücken die Torte etwa 1 Stunde in den Kühlschrank stellen, die restlichen Nektarinen in Spalten schneiden

250 ml (¹/₄ l) Schlagsahne steif schlagen, von der Torte den Springformring entfernen die Torte ganz mit der Sahne bestreichen, die Nektarinenspalten fächerförmig dicht auf der Tortenoberfläche anordnen

100 g Aprikosen-Konfitüre durch ein Sieb streichen, unter Rühren erhitzen, die Nektarinenspalten dünn damit bestreichen.

47

Obsttorte

Für den Teig

75 g weiche Butter oder Margarine	mit den Rührbesen des Handrührgerätes auf höchster Stufe in etwa ¹/₂ Minute geschmeidig rühren, nach und nach
75 g Zucker **1 Päckchen Vanillin-Zucker** **Salz**	unterrühren, so lange rühren, bis eine gebundene Masse entstanden ist
2 Eier	nach und nach unterrühren (jedes Ei etwa ¹/₂ Minute)
125 g Weizenmehl **1 gestr. TL Backpulver**	mit mischen, sieben, nach und nach mit
1 EL Milch	auf mittlerer Stufe unterrühren, den Teig in eine Obstform (Durchmesser 28 cm, Form gefettet) oder in gefettete Tortelettförmchen füllen, glattstreichen, die Form (Förmchen) auf dem Rost in den Backofen schieben
Ober-/Unterhitze	180–200 °C (vorgeheizt)
Heißluft	160–200 °C (nicht vorgeheizt)
Gas	Stufe 3–4 (nicht vorgeheizt)
Backzeit	20–25 Minuten.

Für den Belag

1 kg frisches Obst (z.B. Erdbeeren, Brombeeren, Himbeeren, Johannisbeeren, Kiwis, Heidelbeeren, Weintrauben, Orangen, Bananen)	waschen (Himbeeren nur verlesen), gut abtropfen lassen, entstielen, verlesen oder schälen, halbieren oder in Scheiben schneiden, mit
Zucker	bestreuen, kurze Zeit stehenlassen
oder beliebiges gedünstetes oder eingemachtes Obst	abtropfen lassen, die Früchte auf den Tortenboden legen.

Für den Guß

1 Päckchen Tortenguß, klar **25 g Zucker** **250 ml (¹/₄ l) Wasser oder Fruchtsaft**	mit nach Anleitung auf dem Päckchen zubereiten, über die Früchte verteilen, fest werden lassen.

Gitter-Mohntorte

Für die Füllung

125 ml (⅛ l)
Milch mit
150 g **Zucker**
100 g **Butter** zum Kochen bringen, von der
Kochstelle nehmen

400 g
gemahlenen
Mohn
1 gestr. TL
gemahlenen Zimt
1 Ei
2 EL Schlagsahne
5 EL Weinbrand
2 EL Rosenwasser
100 g verlesene
Rosinen oder
Korinthen dazugeben, gut unterrühren, die
Mohnmasse kalt stellen.

Für den Teig

500 g
Weizenmehl mit
1 Päckchen
Backpulver mischen, auf die Arbeitsfläche
sieben, in die Mitte eine
Vertiefung eindrücken

200 g **Zucker**
1 Päckchen
Vanillin-Zucker
Salz
2 **Eier** hineingeben, mit einem Teil des
Mehls zu einer dicken Masse
verarbeiten

125 g kalte
Butter in Stücke schneiden, mit

250 g
Speisequark auf die Masse geben, mit Mehl
bedecken, von der Mitte aus alle
Zutaten schnell zu einem glatten
Teig verkneten, sollte er kleben,
noch

etwas
Weizenmehl hinzufügen, den Teig in 6 gleiche
Stücke teilen,
5 davon jeweils zu einem Boden
in der Größe einer Springform
(Durchmesser 28 cm, Boden
gefettet) ausrollen, den letzten
Boden sofort in die gefettete
Springform legen, aus dem 6.
Teigstück eine Rolle formen, die
Rolle als Rand auf den Boden
legen, so an die Form drücken,
daß ein etwa 5 cm hoher Rand
entsteht, ¼ der erkalteten
Mohnmasse in die Form geben,
verstreichen, mit einer Teigplatte
bedecken, die restliche Füllung
mit 2 weiteren Teigplatten
abwechselnd einfüllen, die
oberste Schicht muß aus Mohn
bestehen, aus der letzten
Teigplatte 16–20 gleichmäßige
breite Streifen rädern, gitter-
förmig über den Mohn legen, mit

etwas Milch bestreichen
Ober-/Unterhitze 180–200 °C (vorgeheizt)
Heißluft 160–180 °C (nicht vorgeheizt)
Gas Stufe 3–4 (nicht vorgeheizt)
Backzeit 60–80 Minuten
falls die Torte gegen Ende der
Backzeit zu stark bräunt, die Torte
mit Backpapier abdecken.

Himbeer-Käsetorte

Für den Teig

150 g Weizenmehl in eine Rührschüssel sieben

40 g Zucker
1 Päckchen Vanillin-Zucker
100 g weiche Butter hinzufügen, die Zutaten mit den Knethaken des Handrührgerätes zunächst kurz auf niedrigster, dann auf höchster Stufe gut durcharbeiten, anschließend auf der Arbeitsfläche zu einem glatten Teig verkneten, den Teig auf dem Boden einer Springform (Durchmesser 28 cm, Boden gefettet) ausrollen, mehrmals mit einer Gabel einstechen, Springformrand darum stellen die Form auf dem Rost in den Backofen schieben

Ober-/Unterhitze 200–220 °C (vorgeheizt)
Heißluft 180–200 °C (nicht vorgeheizt)
Gas Stufe 3–4 (vorgeheizt)
Backzeit 12–15 Minuten
den Boden sofort nach dem Backen vom Springformboden lösen, aber auf dem Springformboden erkalten lassen, dann auf eine Tortenplatte legen

3 EL Himbeer-Konfitüre durch ein Sieb streichen, den Boden damit bestreichen.

Für die Füllung

1 Beutel Götterspeise Zitrone-Geschmack mit
200 ml Wasser anrühren, 10 Minuten zum Quellen stehenlassen, unter Rühren erhitzen, bis die Götterspeise gelöst ist, etwas abkühlen lassen

200 g Doppelrahm-Frischkäse mit
125 g Zucker
1 Päckchen Vanillin-Zucker
2 EL Zitronensaft verrühren, die lauwarme Götterspeise unterrühren, wenn die Masse beginnt, dicklich zu werden,

500 ml (1/2 l) Schlagsahne steif schlagen, unterheben, von
250 g Himbeeren 12 schöne Beeren zum Garnieren beiseite legen, die restlichen Beeren auf dem Mürbeteigboden verteilen, einen Tortenring oder Springformring, mit Backpapier belegt, um die Torte legen, die Käsemasse auf den Himbeeren verteilen, glattstreichen, den Tortenring entfernen

125 ml (1/8 l) steifgeschlagene Schlagsahne in einen Spritzbeutel mit Sterntülle füllen, die Torte damit verzieren, mit den restlichen Himbeeren garnieren.

Pflaumentorte

Für den Teig

4 Eier	mit
2 EL heißem Wasser	mit den Rührbesen des Handrührgerätes auf höchster Stufe in 1 Minute schaumig schlagen
100 g Zucker	mit
1 Päckchen Vanillin-Zucker	mischen, in 1 Minute einstreuen, dann noch etwa 2 Minuten schlagen
75 g Weizenmehl	mit
30 g Speisestärke **2 gestr. EL Kakaopulver** **1 Msp. gemahlener Zimt** **½ gestr. TL Backpulver**	mischen, die Hälfte davon auf die Eiercreme sieben, kurz auf niedrigster Stufe unterrühren den Rest des Mehlgemisches auf dieselbe Weise unterarbeiten den Teig in eine Springform (Durchmesser 26 cm, Boden gefettet, mit Backpapier belegt) füllen
Ober-/Unterhitze	180–200 °C (vorgeheizt)
Heißluft	160–180 °C (nicht vorgeheizt)
Gas	Stufe 3–4 (nicht vorgeheizt)
Backzeit	25–30 Minuten Boden auf ein mit Backpapier belegtes Kuchengitter stürzen den Boden auskühlen lassen, waagerecht in eine dickere und eine dünnere Scheibe schneiden

den dickeren Boden in eine Springform legen.

Für die Füllung

150 g Pflaumenmus	verrühren, mit der Hälfte davon den dickeren Boden bestreichen
300 g Pflaumen	waschen, gut abtropfen lassen, trockenreiben, halbieren, entsteinen, drei Pflaumen beiseite legen, die Pflaumen auf das Pflaumenmus legen
6 Blatt Gelatine, weiß	10 Minuten in kaltem Wasser quellen lassen, ausdrücken
3 Eigelb	mit
80 g Zucker	cremig rühren, im Wasserbad etwa 5 Minuten aufschlagen, die ausgedrückte Gelatine unterrühren
1 Msp. gemahlenen Zimt **60 ml Weinbrand**	unterrühren, erkalten lassen, sobald die Masse zu gelieren beginnt,
750 ml (¾ l) Schlagsahne	steif schlagen, unter die Masse heben, die Hälfte davon auf den Boden füllen, den oberen Boden darauf setzen, mit der Creme bestreichen und Cremetuffs in 7 Reihen spritzen, die zurückgelassenen Pflaumenhälften in Spalten schneiden, die Torte damit garnieren, die Torte im Kühlschrank etwa 3 Stunden durchkühlen lassen.

Weinäpfeltorte

Für den Teig

125 g weiche Butter	mit den Rührbesen des Handrührgerätes geschmeidig rühren, nach und nach
125 g Zucker **1 Päckchen Vanillin-Zucker** **Salz**	unterrühren, so lange rühren, bis eine gebundene Masse entstanden ist
2 Eier	nach und nach unterrühren (jedes Ei etwa 1/2 Minute)
125 g Weizenmehl **1 gestr. TL Backpulver**	mit mischen, sieben, eßlöffelweise unterrühren, den Teig in eine Obsttortenform (Durchmesser 28 cm, Form gefettet und bemehlt) füllen, glattstreichen
Ober-/Unterhitze	etwa 200 °C (vorgeheizt)
Heißluft	etwa 180 °C (nicht vorgeheizt)
Gas	Stufe 3–4 (nicht vorgeheizt)
Backzeit	15–20 Minuten.

Für den Belag

etwa 1 kg Äpfel	schälen, halbieren, entkernen
125 ml (1/8 l) Weißwein	mit
125 ml (1/8 l) Wasser	zum Kochen bringen, die Apfelhälften mit
2 gut gehäuften EL Zucker **1 Stück Stangenzimt**	hineingeben, weich dünsten

lassen, die Apfelhälften zum Abtropfen auf ein Sieb geben, (Kochflüssigkeit auffangen) die erkalteten Apfelhälften auf den Tortenboden legen, mit

50 g verlesenen Korinthen **50 g verlesenen Rosinen** **1 Msp. gemahlenem Zimt**	bestreuen.

Für den Guß

1 Päckchen Tortenguß, klar **25 g Zucker** **250 ml (1/4 l) Flüssigkeit (Kochflüssigkeit mit Wasser oder Apfelsaft aufgefüllt)**	mit nach Anleitung auf dem Päckchen zubereiten, den Guß auf den Äpfeln verteilen.
Tip	Am besten schmeckt die Torte mit einem leicht säuerlichen Apfel, z. B. Elster oder Boskop. Wer mag, kann die Torte mit Mandelblättchen verzieren.

Passionsfruchttorte

Für den Teig

250 g tiefgekühlten Blätterteig bei Zimmertemperatur auftauen lassen (nicht durchkneten), den Teig dünn ausrollen, eine gefettete Springform (Durchmesser etwa 24 cm) damit auslegen

getrocknete Erbsen hineinfüllen
die Form auf dem Rost in den Backofen schieben

Ober-/Unterhitze etwa 220 °C (vorgeheizt)
Heißluft etwa 200 °C (nicht vorgeheizt)
Gas etwa Stufe 4 (vorgeheizt)
Backzeit etwa 25 Minuten
nach dem Backen die Erbsen entfernen.

Für den Belag

100 g Marzipan-Rohmasse
3 EL Schlagsahne
1 Eigelb mit verrühren, die Masse auf den Boden streichen

50 g verlesene Rosinen
3 EL Mandellikör kurz in einweichen, auf der Marzipanmasse verteilen.

Für die Füllung

250 ml (¹/₄ l) Schlagsahne ¹/₂ Minute schlagen
50 g Zucker einstreuen, Sahne steif schlagen
5 Passionsfrüchte halbieren, das Fruchtfleisch herauslösen, mit

1 EL Honig verrühren, durch ein Sieb streichen
2 Eiweiß steif schlagen, nach und nach
50 g Zucker unterschlagen
3¹/₂ Blatt Gelatine, weiß etwa 10 Minuten in kaltem Wasser einweichen, tropfnaß in einen Topf geben, bei schwacher Hitze unter Rühren auflösen, die Gelatine unter den Eischnee rühren, den Eischnee und die Passionsfrüchte vorsichtig unter die Sahne heben, die Masse gleichmäßig auf den Boden streichen, im Kühlschrank fest werden lassen.

3 Eiweiß steif schlagen, nach und nach
75 g Puderzucker unterschlagen, die Masse so auf die Torte spritzen, daß nichts mehr von der Füllung zu sehen ist, die Torte kurz unter den vorgeheizten Grill schieben, damit der Eischnee fest wird und leicht bräunt, die Torte mit

etwa 100 g Cocktailkirschen (aus dem Glas) garnieren.

Tip Passionsfrüchte werden bei uns fast das ganze Jahr angeboten. Der Geschmack der Passionsfrucht erinnert an ein Gemisch aus Himbeeren, Pfirsichen und Erdbeeren.

Schokoladen-Mandel-Torte

(Foto)

175 g Zartbitter-Kuvertüre	grob zerkleinern, unter Rühren im Wasserbad schmelzen lassen
150 g Butter	mit
125 g Puderzucker	mit den Rührbesen des Handrührgerätes cremig schlagen
1 gestr. TL gemahlenen Zimt	
1 gestr. TL gemahlenen Kardamom	unterrühren
6 Eigelb	in die Masse geben, unterschlagen, die aufgelöste Kuvertüre hinzugeben, unterrühren
100 g Weizenmehl	mit
1 gestr. TL Backpulver	
50 g gemahlenen Mandeln	mischen
6 Eiweiß	steif schlagen, die Eigelbmasse zu dem Eischnee geben, die Mehl-Mandel-Mischung hinzugeben, alles mit einem Schneebesen unterheben, eine Springform (Durchmesser 26 cm), mit
25 g Butter	bestreichen, mit
25 g Semmelbröseln	bestreuen, den Teig in die Springform füllen
Ober-/Unterhitze	etwa 180 °C (vorgeheizt)
Heißluft	etwa 160 °C (nicht vorgeheizt)
Gas	etwa Stufe 3 (vorgeheizt)
Backzeit	etwa 50 Minuten

den Kuchen erkalten lassen, dann einmal waagerecht durchschneiden, die Innenseiten mit

100 ml Weißwein	tränken, mit
450 g Erdbeer-Konfitüre	bestreichen, etwas für den Tortenrand zurückbehalten die Torteninnenseiten aufeinander setzen, den Tortenrand mit der restlichen Konfitüre bestreichen, mit
75 g abgezogenen, gehackten Mandeln	bestreuen, die Tortenmitte mit
Schokoröllchen	garnieren.

Schmandtorte mit Pfirsichen

Für den Knetteig

200 g Weizenmehl	mit
½ gestr. TL Backpulver	mischen, in eine Rührschüssel sieben
50 g Zucker	
1 Ei	
80 g weiche Butter	hinzufügen, die Zutaten mit den Knethaken des Handrührgerätes zunächst kurz auf niedrigster, dann auf höchster Stufe gut durcharbeiten, anschließend auf der Arbeitsfläche zu einem glatten Teig verkneten, knapp ⅔ des

(Fortsetzung Seite 58)

Teiges auf dem umgedrehten Boden einer Springform (Durchmesser 28 cm, Boden gefettet) ausrollen, mehrmals mit einer Gabel einstechen, den Springformrand darumlegen, den restlichen Teig mit

1 EL Weizenmehl verkneten, um den Springformrand einen 2 cm hohen Rand hochziehen, die Form auf dem Rost in den Backofen schieben

Ober-/Unterhitze	200–220 °C (vorgeheizt)
Heißluft	180–200 °C (nicht vorgeheizt)
Gas	Stufe 4–5 (vorgeheizt)
Backzeit	etwa 15 Minuten.

Für den Belag

1 Dose Pfirsichspalten (470 g) abtropfen lassen, aus

2 Päckchen Puddingpulver Vanille-Geschmack
100 g Zucker
500 ml (1/2 l) Milch nach der Vorschrift auf dem Päckchen einen Pudding zubereiten, unter Rühren abkühlen lassen, nach und nach

750 g Schmand unterrühren, die Pfirsichspalten auf dem vorgebackenen Tortenboden verteilen, die Schmandcreme daraufgeben, glattstreichen
die Form auf dem Rost in den Backofen schieben

Ober-/Unterhitze	etwa 170 °C (vorgeheizt)
Heißluft	etwa 150 °C (nicht vorgeheizt)
Gas	Stufe 2–3 (vorgeheizt)
Backzeit	etwa 60 Minuten.

Schokotorte

175 g Zartbitter-Kuvertüre in kleine Stücke brechen, in einem kleinen Topf im Wasserbad geschmeidig rühren, aus dem Wasserbad nehmen, in eine Schüssel geben

175 g weiche Butter hinzufügen, nach und nach
175 g Zucker
6 Eigelb mit den Rührbesen des Handrührgerätes unterrühren (je Eigelb etwa 1/2 Minute)

125 g feine Semmelbrösel eßlöffelweise hinzufügen
6 Eiweiß steif schlagen, unterheben, den Teig in eine Springform (Durchmesser etwa 26 cm, Boden gefettet) füllen, glattstreichen die Form auf dem Rost in den Backofen schieben

Ober-/Unterhitze	etwa 180 °C (vorgeheizt)
Heißluft	etwa 160 °C (nicht vorgeheizt)
Gas	etwa Stufe 3 (vorgeheizt)
Backzeit	etwa 45 Minuten

auf ein mit Backpapier belegtes Kuchengitter legen den ausgekühlten Tortenboden einmal durchschneiden, den unteren Boden mit

etwa 3 EL Aprikosen-Konfitüre bestreichen, mit dem oberen Boden bedecken

etwa 3 EL Aprikosen-Konfitüre durch ein Sieb streichen und die Torte ganz damit bestreichen.

Für den Guß

125 g Zartbitter-Kuvertüre	in Stücke brechen, in einem kleinen Topf mit
5 EL Schlagsahne	bei mittlerer Hitze zu einer geschmeidigen Masse verrühren, die Torte damit überziehen.

Silvestertorte

Für den Rührteig

200 g weiche Butter	mit den Rührbesen des Hand-rührgerätes auf höchster Stufe in etwa ¹/₂ Minute geschmeidig rühren, nach und nach
175 g Zucker Salz 1 Päckchen Pfefferkuchen-gewürz	unterrühren, so lange rühren, bis eine gebundene Masse ent-standen ist
4 Eier	nach und nach unterrühren (jedes Ei etwa ¹/₂ Minute)
375 g Weizenmehl 1 Päckchen Backpulver	mit mischen, sieben, auf mittlerer Stufe abwechselnd mit
125 ml (¹/₈ l) Milch 100 g geriebener Zartbitter-Schokolade	unterrühren, den Teig in eine Springform (Durchmesser 26 cm, Boden gefettet) füllen,

glattstreichen
die Form auf dem Rost in den Backofen schieben

Ober-/Unterhitze	etwa 180 °C (vorgeheizt)
Heißluft	etwa 160 °C (nicht vorgeheizt)
Gas	etwa Stufe 3 (vorgeheizt)
Backzeit	etwa 1 Stunde

den Tortenboden auf einem Kuchengitter erkalten lassen, zweimal durchschneiden, den unteren Boden mit gut ¹/₃ von

150 g Johannis-beergelee	bestreichen, den mittleren Boden darauf legen, etwas andrücken, mit gut der Hälfte des restlichen Johannisbeergelees bestreichen, mit dem oberen Boden bedecken, etwas andrücken, Torte und Rand mit dem verbliebenen Johannis-beergelee bestreichen.

Für den Guß

150 g Halbbitter-Kuvertüre 25 g Kokosfett	mit in einem kleinen Topf im Wasserbad auflösen, die Torte damit überziehen, den Tortenrand mit
25 g abgezogenen, gehobelten Mandeln	bestreuen, die Tortenoberfläche nach Belieben mit Glücks-symbolen wie
Marzipan-schweinchen, Goldtalern, Marzipan-Kleeblättern	garnieren.

Preiselbeer-Birnen-Torte

Für den Biskuitteig

3 Eier trennen, das Eiweiß mit den Rührbesen des Handrührgerätes steif schlagen

100 g Zucker
1 Päckchen Vanillin-Zucker
1 Prise Salz einrieseln lassen, gut verschlagen, das Eigelb kurz unterrühren

50 g Weizenmehl mit
50 g Speisestärke
1 TL Backpulver vermischen, auf die Eiermasse sieben

50 g abgezogene, gemahlene Mandeln hinzufügen, mit einem Schneebesen unter die Eiercreme heben eine Springform (Durchmesser 26 cm, Boden gefettet, mit Backpapier belegt) mit dem Teig füllen

Ober-/Unterhitze etwa 180 °C (vorgeheizt)
Heißluft etwa 160 °C (nicht vorgeheizt)
Gas etwa Stufe 3 (vorgeheizt)
Backzeit 35–40 Minuten
den Boden aus der Form lösen, auf einem Kuchengitter auskühlen lassen.

Für die Füllung

500 g frische Preiselbeeren verlesen, waschen, mit
250 ml ($1/4$ l) Wasser
75 g Zucker aufkochen, bei schwacher Hitze etwa 10 Minuten gar ziehen lassen

375 g feste Birnen waschen, vierteln, entkernen, die Birnenviertel in Spalten schneiden
250 ml ($1/4$ l) Wasser mit
75 g Zucker
Saft von 1 Zitrone aufkochen, die Birnenspalten hinzugeben, etwa 10 Minuten kochen lassen, die Birnenspalten abtropfen lassen, den Biskuitboden einmal waagerecht durchschneiden, den unteren Boden mit dem Springformrand umlegen

2 Blatt Gelatine, weiß etwa 10 Minuten in kaltem Wasser quellen lassen, von
2 Bechern (à 200 ml) Schlagsahne einen Becher Sahne mit
1 Päckchen Vanillin-Zucker
1 EL Zucker steif schlagen die Gelatine ausdrücken, auflösen, unter die steife Sahne rühren, die Hälfte der Beeren und Birnenspalten unterheben, die Fruchtsahne auf den unteren Boden steichen, mit dem zweiten Boden abdecken, $2/3$ der übrigen Beeren auf den oberen Boden streuen

1 Päckchen Tortenguß, klar mit
25 g Zucker
250 ml ($1/4$ l) Weißwein verrühren, aufkochen lassen, den

(Fortsetzung Seite 62)

Guß über die Preiselbeeren füllen, die Torte etwa 1 Stunde kalt stellen, die übrige Sahne mit

1 Päckchen Vanillin-Zucker steif schlagen, den Springformrand lösen, den Tortenrand wellig mit der Hälfte der Sahne bestreichen
die restliche Sahne in einen Spritzbeutel mit Lochtülle füllen, Sahnetuffs auf die Torte spritzen
die übrigen Birnenspalten belegen, mit den Preiselbeeren bestreuen, mit

1 EL Kakaopulver bestäuben.

Zwetschen-Kokos-Torte

Für den Teig

4 Eier
3 EL heißes Wasser mit den Rührbesen des Handrührgerätes auf höchster Stufe in 1 Minute schaumig schlagen

150 g Zucker
1 Päckchen Vanillin Zucker mischen, in 1 Minute einstreuen, dann noch etwa 2 Minuten schlagen

100 g Weizenmehl
100 g Speisestärke
2 gestr. TL Backpulver mischen, die Hälfte davon auf die Eiercreme sieben, kurz auf niedrigster Stufe unterrühren, den

Rest des Mehlgemisches auf dieselbe Weise unterarbeiten, den Teig in eine Springform (Durchmesser 28 cm, Boden gefettet, mit Backpapier belegt) füllen, glattstreichen, die Form auf dem Rost in den Backofen schieben

Ober-/Unterhitze 180–200 °C (vorgeheizt)
Heißluft 160–180 °C (nicht vorgeheizt)
Gas Stufe 3–4 (vorgeheizt)
Backzeit etwa 30 Minuten
sofort nach dem Backen den Tortenboden aus der Form lösen, auf ein mit Backpapier belegten Kuchenrost stürzen, erkalten lassen, zweimal waagerecht durchschneiden.

Für die Füllung

1 Päckchen Gelatine, gemahlen, weiß mit
3 EL kaltem Wasser anrühren
1 Päckchen Gelatine, gemahlen, rot mit
3 EL kaltem Wasser anrühren, die angerührte Gelatine 10 Minuten zum Quellen stehenlassen

1¹/₂ kg Zwetschen waschen, einzeln abtrocknen, entsteinen (8 Zwetschen zum Garnieren beiseite legen)

125 g Zucker mit
125 ml (¹/₈ l) Wasser zum Kochen bringen, die Zwetschen hineingeben, aufkochen lassen, abtropfen,

erkalten lassen, 300 g der erkalteten Zwetschen pürieren, die gequollene, rote Gelatine unter Rühren erwärmen, bis sie gelöst ist, in das Zwetschenpüree rühren, kalt stellen

3 Eier
1 EL Zucker
1 Päckchen
Vanillin-Zucker im Wasserbad in etwa 5 Minuten cremig schlagen

200 g Cream of
Coconut
(Kokoscreme
aus der Dose) verrühren, mit
75 g
Kokosraspeln (2 Eßlöffel zum Garnieren zurücklassen)

4 EL Kokos-Likör
abgeriebene
Schale von
¹/₂ Zitrone
(unbehandelt)
2 EL Zitronensaft unter die Eiercreme rühren, die gequollene, weiße Gelatine unter Rühren erwärmen, bis sie gelöst ist, unter die Kokoscreme rühren, kalt stellen, sobald die Masse beginnt dicklich zu werden,

500 ml (¹/₂ l)
Schlagsahne steif schlagen, 6 Eßlöffel davon unter das Zwetschenpüree, die restliche Sahne unter die Kokoscreme heben, den unteren Tortenboden in die gesäuberte Springform legen, Springformring herumstellen, das Zwetschenpüree auf den Tortenboden streichen, den mittleren Boden darauf legen, etwas andrücken,

darauf die Zwetschen gleichmäßig verteilen, die Kokoscreme darübergeben (4 Eßlöffel zurückbehalten), mit dem oberen Tortenboden bedecken, zurückbehaltene Kokoscreme darauf streichen, die Torte etwa 6 Stunden kalt stellen

250 ml (¹/₄ l)
Schlagsahne steif schlagen, nach und nach
1 Päckchen
Sahnesteif
1 TL Zucker unterschlagen, die Sahne in einen Spritzbeutel mit Sterntülle füllen, Springformring und Alufolie vorsichtig von der Torte entfernen, die Torte mit Sahne verzieren, mit den zurückgelassenen Pflaumen garnieren, mit den zurückbehaltenen Kokosraspeln bestreuen.

Tip Wenn Sie die Torte nicht nur im Herbst backen möchten, dann können Sie während der anderen Jahreszeiten auf Zwetschen aus dem Glas zurückgreifen.

Joghurt-Aprikosen-Torte

Für den Teig

125 g Butter oder Margarine	mit
125 g Zucker	
1 Päckchen Vanillin-Zucker	mit den Rührbesen des Hand-rührgerätes schaumig schlagen, von
4 Eiern	2 Eier trennen, Eigelb und ganze Eier hinzugeben, unterrühren (jedes Ei - Eigelb etwa 1/2 Minute)
200 g Weizenmehl	mit
2 TL Backpulver	mischen, hinzugeben, unter-rühren eine Springform (Durchmesser 26 cm, Boden gefettet) mit dem Teig füllen, den Teig glatt-streichen
Ober-/Unterhitze	etwa 180 °C (vorgeheizt)
Heißluft	etwa 160 °C (nicht vorgeheizt)
Gas	etwa Stufe 3 (vorgeheizt)
Backzeit	15 Minuten
100 g Puderzucker	sieben, mit dem restlichen Eiweiß steif schlagen auf dem Boden verteilen und nochmals etwa 25 Minuten weiterbacken den Kuchen auskühlen lassen, vorsichtig aus der Form lösen, den Boden einmal waagerecht durchschneiden.

Für die Füllung

5 Blatt Gelatine, weiß	etwa 10 Minuten in kaltem Wasser quellen lassen
1 Zitrone, unbehandelt	abspülen, trockentupfen, die Schale dünn abreiben, den Saft auspressen
3 Becher (à 150 g) Joghurt, natur	mit
75 g Zucker	Zitronensaft, Zitronenschale verrühren Gelatine ausdrücken, auflösen und unterrühren
1 Becher (250 ml) Schlagsahne	steif schlagen, unter die gelierende Creme heben
1 Dose (480 g) Aprikosen	auf einem Sieb abtropfen lassen, den Saft auffangen, den Boden mit Aprikosensaft tränken, mit der Hälfte von
100 g Aprikosen-Konfitüre	bestreichen den Boden mit den Aprikosen belegen, die Creme darauf strei-chen, die Torte etwa 1 Stunde kalt stellen den Tortenring lösen, die restliche Konfitüre auf die feste Creme streichen, den oberen Boden darauf setzen, mit
1 EL Puderzucker	bestäuben.

Schwarzwälder Kirschtorte

Für den Biskuitteig

80 g Butter oder Margarine	in einem Topf schmelzen
140 g Halbbitter-Kuvertüre	grob schneiden, im Wasserbad zum Schmelzen bringen, etwas abkühlen lassen
6 Eier	trennen, das Eiweiß mit 1–2 Eßlöffeln Zucker von
150 g Zucker	mit den Rührbesen des Handrührgerätes steif schlagen das Eigelb mit dem restlichen Zucker im heißen Wasserbad cremig schlagen, die Schüssel aus dem Wasserbad herausnehmen und
150 g Weizenmehl	hineinsieben aufgelöste Butter oder Margarine, Kuvertüre und 1/3 der Eischneemasse zufügen, alles vorsichtig unterrühren zum Schluß den restlichen Eischnee unterheben, eine Springform (Durchmesser 26 cm, Boden gefettet, mit Backpapier belegt) mit der Biskuitmasse füllen, den Teig glattstreichen
Ober-/Unterhitze	etwa 180 °C (vorgeheizt)
Heißluft	etwa 160 °C (nicht vorgeheizt)
Gas	etwa Stufe 3 (vorgeheizt)
Backzeit	etwa 35 Minuten den Biskuitboden in der Form kopfüber auf ein Kuchenrost stellen, etwa 20 Minuten stehen lassen, dann aus der Form lösen, vollständig erkalten lassen

den Biskuitboden zweimal waagerecht durchschneiden.

Für die Füllung
jeden Boden mit 2–3 Eßlöffeln von

6–9 EL Kirschwasser	beträufeln
1 Glas (720 ml) Schattenmorellen	auf einem Sieb abtropfen lassen, den Kirschsaft auffangen, 12 schöne Kirschen zum Verzieren beiseite stellen von dem Kirschsaft 3–4 Eßlöffel abnehmen, den übrigen Kirschsaft mit
2 EL Zucker **1/2 Zimtstange** **1 Zitronenscheibe (unbehandelt)**	in einem Topf aufkochen
2 EL Speisestärke	mit dem übrigen Kirschsaft glattrühren, in den Topf geben gut verrühren, Zitronenscheibe und Zimtstange herausnehmen, die Kirschen in die Kirschsauce geben um den unteren Biskuitboden den Tortenrand legen, das Kompott darauf verteilen, mit dem zweiten Biskuitboden abdecken, etwa 1 Stunde kühl stellen
1 Blatt Gelatine, weiß	etwa 10 Minuten in kaltem Wasser quellen lassen, ausdrücken, auflösen
1 Becher (200 ml) Schlagsahne	mit

(Fortsetzung Seite 68)

1 EL Zucker
1 Päckchen
Vanillin-Zucker steif schlagen, zum Schluß die
aufgelöste Gelatine unterrühren,
die Sahne auf den zweiten
Biskuitboden streichen, mit dem
letzten Boden bedecken
die Torte etwa 30 Minuten kühl
stellen.

Zum Verzieren

75 g Halbbitter-
Kuvertüre mit einem Sparschäler abhobeln
2 Becher
(à 200 ml)
Schlagsahne mit
2 Päckchen
Vanillin-Zucker steif schlagen
die Torte aus dem Tortenring
lösen, mit ³/₄ der Sahne bestreichen
die restliche Sahne in einem
Spritzbeutel mit großer Sterntülle
füllen, die Torte mit Sahnetuffs
verzieren, Tortenrand und Mitte
mit Schokoröllchen üppig bestreuen Sahnetuffs mit Kirschen
verzieren, die Torte bis zum
Servieren kühl stellen.

Brüsseler Beerentorte

Für den Knetteig

125 g
Weizenmehl in eine Rührschüssel sieben
40 g Zucker
1 Päckchen
Vanillin-Zucker
1 Prise Salz
1 Eiweiß
80 g Butter in Stückchen hinzufügen, die
Zutaten mit den Knethaken des
Handrührgerätes zunächst auf
niedrigster, dann auf höchster
Stufe gut durcharbeiten, anschließend auf der Arbeitsfläche
zu einem glatten Teig verkneten,
ihn etwa 30 Minuten kalt stellen,
den Teig auf einem Springformboden (Durchmesser 26 cm,
Boden gefettet) ausrollen, mehrmals mit einer Gabel einstechen,
mit Springformrand backen
Ober-/Unterhitze 200–220 °C (vorgeheizt)
Heißluft etwa 180 °C (nicht vorgeheizt)
Gas Stufe 3–4 (vorgeheizt)
Backzeit etwa 10 Minuten
den Boden sofort nach dem
Backen vom Springformboden
lösen, aber erst nach dem
Erkalten auf eine Platte legen.

Für den Biskuitteig

4 Eier
1 Eigelb mit den Rührbesen des Handrührgerätes auf höchster Stufe in
1 Minute schaumig schlagen
75 g Zucker mit
1 Päckchen

Vanillin-Zucker	mischen, in 1 Minute einstreuen, dann etwa 2 Minuten schlagen
100 g Weizenmehl	mit
50 g Speisestärke ¹/₂ gestr. TL Backpulver	mischen, auf die Eiercreme sieben, kurz auf niedrigster Stufe unterrühren, ²/₃ des Teiges auf ein mit Backpapier belegtes Backblech (38 x 28 cm) streichen, das Papier unmittelbar vor dem Teig zur Falte knicken, so daß ein Rand entsteht, den restlichen Teig in eine Springform (Durchmesser 26 cm, Boden gefettet, mit Backpapier belegt) füllen
Ober-/Unterhitze	200–220 °C (vorgeheizt)
Heißluft	180–200 °C (nicht vorgeheizt)
Gas	Stufe 3–4 (vorgeheizt)
Backzeit	für Platte und Boden: etwa 10 Minuten die Biskuitplatte sofort nach dem Backen auf ein mit
Zucker	bestreutes Geschirrtuch stürzen, das Backpapier mit kaltem Wasser bestreichen, vorsichtig, aber schnell abziehen
200 g Erdbeer-Konfitüre	durch ein Sieb streichen, die Biskuitplatte mit ³/₄ der Konfitüre bestreichen, von der kürzeren Seite aufrollen, auskühlen lassen.

Für die Füllung

6 Blatt Gelatine, weiß	nach Anleitung quellen lassen
400 ml Johannisbeersaft	mit
etwas Zucker 2 EL Zitronensaft	erwärmen, die ausgedrückte Gelatine hinzufügen, so lange rühren, bis sie gelöst ist, die Masse kalt stellen, sobald sie anfängt dicklich zu werden,
400 ml Schlagsahne	steif schlagen, zusammen mit
250 g gemischten, vorbereiteten Beeren (z. B. Himbeeren, Johannisbeeren, Brombeeren)	unterheben, den Knetteigboden mit der restlichen Erdbeer-konfitüre bestreichen, mit dem Biskuitboden bedecken, einen Tortenring darum stellen, die Biskuitrolle in etwa 1 cm dicke Scheiben schneiden, an den Tortenring stellen, die Beeren-masse hineingeben, glatt-streichen, die Torte mindestens 3 Stunden kalt stellen.

Für den Belag

300 g gemischte, vorbereitete Beeren	auf der Füllung verteilen.

Für den Guß

1 Päckchen Tortenguß, klar 25 g Zucker 250 ml (¹/₄ l) Wasser	mit nach Anleitung auf dem Päckchen zubereiten, über die Beeren verteilen, fest werden lassen, den Tortenring vorsichtig entfernen.

Prinz-Eugen-Torte

Für den Teig

100 g Butter oder Margarine	mit
150 g Zucker	mit den Rührbesen des Handrührgerätes schaumig schlagen
6 Eier	trennen, das Eigelb unterrühren, in die Buttermasse geben, (jedes Eigelb etwa 1/2 Minute) weiter schaumig schlagen
150 g Zartbitter-Schokolade	mit dem Messer zerkleinern und im Wasserbad schmelzen lassen
150 g abgezogene, gemahlene Mandeln 75 g Weizenmehl 1 EL Rum 1 EL Weinbrand	unter die Eiercreme rühren das Eiweiß zu steifem Schnee schlagen, unter die Eiercreme heben, eine Springform (Durchmesser 26 cm, Boden gefettet) damit füllen
Ober-/Unterhitze	etwa 180 °C (vorgeheizt)
Heißluft	etwa 160 °C (nicht vorgeheizt)
Gas	etwa Stufe 3 (vorgeheizt)
Backzeit	etwa 35 Minuten den Boden aus der Form lösen, abkühlen lassen vom fertig gebackenen Kuchen oben eine runde Platte, etwa 1 cm tief, mit einem Löffel abheben, dabei einen Rand von etwa 3 cm Breite stehen lassen die ausgeschabten Kuchenteile

klein bröseln und im Backofen bei kleiner Hitze trocknen.

Für die Füllung

250 g schwarze Johannisbeeren	waschen, gut abtropfen lassen, entstielen
50 g Zucker	mit den Johannisbeeren kurz aufkochen lassen, so daß die Beeren etwas weich werden, dann auskühlen lassen die Johannisbeeren auf dem Ausschnitt der Torte verteilen
250 ml (1/4 l) Schlagsahne 1 Päckchen Vanillin-Zucker	mit sehr steif schlagen
50 g geraspelte Schokolade	darunter mischen, die Sahne auf die Johannisbeeren geben die Kuchenbrösel darauf verteilen.
Tip	Wer den herben Geschmack der schwarzen Johannisbeeren nicht mag, kann zur Hälfte rote Johannisbeeren verwenden.

Orangen-Schichttorte

Für den Teig

175 g Butter oder Margarine	mit den Rührbesen des Hand-rührgerätes geschmeidig rühren, nach und nach
175 g Zucker 1 Päckchen Vanillin-Zucker	unterrühren, so lange rühren, bis eine gebundene Masse ent-standen ist
3 Eier	nach und nach unterrühren (jedes Ei etwa $1/2$ Minute)
150 g Weizenmehl 30 g Speisestärke 1 gestr. TL Backpulver	mit mischen, sieben, eßlöffelweise auf mittlerer Stufe unterrühren, aus dem Teig 4 Böden backen, dazu jeweils $1/4$ des Teiges auf einen Springformboden (Durchmesser 28 cm, Boden gefettet) streichen jeden Boden ohne Springform-rand backen
Ober-/Unterhitze	170–200 °C (vorgeheizt)
Heißluft	160–180 °C (nicht vorgeheizt)
Gas	Stufe 3–4 (vorgeheizt)
Backzeit	für jeden Boden etwa 10 Minuten die Böden sofort nach dem Backen vom Rand des Spring-formbodens lösen, auf einem Kuchenrost erkalten lassen.

Für den Guß

150 g Zartbitter-Kuvertüre	nach Anleitung auflösen, die obere Seite der Böden damit bestreichen, einen der Böden sofort mit
geraspelter Kuvertüre	bestreuen, in 16 Stücke schneiden, den Guß gut trocknen lassen.

Für die Füllung aus

2 Päckchen Galetta Puddingpulver Vanille-Geschmack 300 ml Orangensaft 750 ml ($3/4$ l) Schlagsahne	nach Anleitung, aber mit eine Creme zubereiten, die Creme in einen Spritzbeutel mit Lochtülle füllen, die drei Böden mit der Creme bestreichen, mit dem geschnittenen Boden zu einer Torte zusammensetzen, nach Belieben mit
Orangenfilets	garnieren.

Birnentorte mit Rotwein

Für den Teig

250 g Weizenmehl	in eine Rührschüssel sieben
75 g Zucker	
1 Päckchen Vanillin-Zucker	
150 g Butter	in Stückchen hinzufügen, die Zutaten mit den Knethaken des Handrührgerätes zunächst auf niedrigster, dann auf höchster Stufe gut durcharbeiten, anschließend auf der Arbeitsfläche zu einem glatten Teig verkneten, sollte er kleben, ihn eine Zeitlang kalt stellen, gut $2/3$ des Teiges auf dem Boden einer Springform (Durchmesser 28 cm, Boden gefettet, mit Backpapier belegt) ausrollen, unter den Rest des Teiges
1 gestr. EL Weizenmehl	kneten, zu einer Rolle formen, die Rolle als Rand auf den Boden legen, so an die Form drücken, daß ein etwa 3 cm hoher Rand entsteht, den Teigboden mehrmals mit einer Gabel einstechen
Ober-/Unterhitze	200–220 °C (vorgeheizt)
Heißluft	180–200 °C (nicht vorgeheizt)
Gas	Stufe 3–4 (vorgeheizt)
Backzeit	etwa 20 Minuten den Boden sofort nach dem Backen aus der Form lösen, erkalten lassen.

Für den Belag

125 ml (1/8 l) Wasser	mit etwas
etwas Zitronensaft	zum Kochen bringen
etwa 750 g Birnen	schälen, halbieren, entkernen, etwa 10 Minuten in dem Zitronenwasser dünsten, abtropfen, erkalten lassen, in Spalten schneiden, auf den Tortenboden legen
1 Packung Rotwein Creme	
5 EL Wasser	nach Anleitung auf der Packung eine Creme zubereiten
250 ml (1/4 l) Schlagsahne	mit
25 g Zucker	steif schlagen, eine Hälfte davon in einen Spritzbeutel füllen, die andere Hälfte unter die Rotweinmasse rühren, auf die Birnen geben, glattstreichen, die Torte mit der Sahne aus dem Spritzbeutel und mit
geraspelter Schokolade	verzieren.

Malakofftorte

150 g weiche Butter	mit den Rührbesen des Handrührgerätes auf höchster Stufe geschmeidig rühren, nach und nach
125 g feinkörnigen Zucker 1 Päckchen Vanillin-Zucker	unterrühren, so lange rühren, bis eine gebundene Masse entstanden ist
3 Eigelb	nach und nach unterrühren
150 g abgezogene, gemahlene Mandeln 1/2 Päckchen Vanillin-Zucker 250 ml (1/4 l) Schlagsahne	
3-4 EL Rum	auf mittlerer Stufe unterrühren
250 g Löffelbiskuits	kurz in
250 ml (1/4 l) Milch	wenden, beiseite legen, die restliche Milch unter die Creme rühren, die Creme eine Zeitlang kühl stellen, den Rand der Springform (Durchmesser 26 cm, Rand und Boden mit Alufolie auslegen), auf eine Tortenplatte setzen, den Boden mit der Hälfte der Löffelbiskuits auslegen, die Hälfte der Creme darüber streichen, die restlichen Löffelbiskuits und die restliche Creme darauf geben, glattstreichen, kühl stellen, den Springformrand lösen
500 ml (1/2 l) Schlagsahne 2 TL Zucker 2 Päckchen	1/2 Minute schlagen
Sahnesteif	mischen, einstreuen, die Sahne steif schlagen, mit der Sahne Rand und Oberfläche der Torte bestreichen, mit einem Teelöffel Vertiefungen in die Torte drücken, mit
gezuckerten Veilchen	verzieren.

Rüblitorte, klassisch

Für den Teig

300 g Möhren	putzen, schälen, waschen, sehr fein reiben
4 Eigelb	mit
200 g Zucker 1 Päckchen Vanillin-Zucker abgeriebener Schale von 1/2 Zitrone (unbehandelt) oder von 1 Orange (unbehandelt) 2 EL Zitronensaft	mit den Rührbesen des Handrührgerätes auf höchster Stufe cremig rühren, die geriebenen Möhren,

(Fortsetzung Seite 76)

300 g abgezogene, gemahlene Mandeln	unterrühren
60 g Weizenmehl	mit
1 TL Backpulver	
Salz	mischen, sieben, auf der mittleren Stufe unter den Teig rühren
4 Eiweiß	steif schlagen, 3 Eßlöffel von dem Eischnee abnehmen, unter den Teig rühren, dann den restlichen Eischnee unterheben, den Teig in eine mit
Weizenmehl	bestäubte Springform (Durchmesser 24 cm, Boden gefettet) füllen, glattstreichen die Form auf dem Rost in den Backofen schieben
Ober-/Unterhitze	170–200 °C (vorgeheizt)
Heißluft	150–180 °C (nicht vorgeheizt)
Gas	etwa Stufe 3 (vorgeheizt)
Backzeit	etwa 40 Minuten sofort nach dem Backen die Torte aus der Form lösen, auf einen Kuchenrost stürzen.

Für den Guß

150 g gesiebten Puderzucker	mit
2-3 EL Zitronensaft	verrühren, die noch heiße Tortenoberfläche damit bestreichen, die Torte erkalten lassen, mit
8 Marzipan-Möhren (fertig gekauft)	garnieren.

Prinzregententorte

Für den Teig

250 g weiche Butter	mit den Rührbesen des Handrührgerätes auf höchster Stufe in etwa $1/2$ Minute geschmeidig rühren, nach und nach
250 g Zucker	
1 Päckchen Vanillin-Zucker	
Salz	unterrühren, rühren, bis eine gebundene Masse entstanden ist
4 Eier	nach und nach unterrühren (jedes Ei etwa $1/2$ Minute)
200 g Weizenmehl	mit
50 g Speisestärke	
1 gestr. TL Backpulver	mischen, sieben, eßlöffelweise unterrühren, aus dem Teig 7 Böden herstellen, 2 Eßlöffel des Teiges jeweils auf einen gefetteten Springformboden (Durchmesser 28 cm, Boden gefettet) streichen (darauf achten, daß die Teiglage am Rand nicht zu dünn ist), jeden Boden ohne Springformring in den Backofen schieben, hellbraun backen
Ober-/Unterhitze	180–200 °C (vorgeheizt)
Heißluft	160–180 °C (nicht vorgeheizt)
Gas	Stufe 3–4 (vorgeheizt)
Backzeit	8–10 Minuten Böden nach dem Backen vom Springformboden lösen, jeden Boden auf dem Rost erkalten lassen.

Für die Buttercreme
aus

1 Päckchen Pudding-Pulver Schokoladen-Geschmack 100 g Zucker 500 ml (¹/₂ l) Milch nach Vorschrift auf dem Päckchen (aber mit 100 g Zucker) einen Pudding zubereiten, kalt stellen, ab und zu durchrühren

250 g weiche Butter geschmeidig rühren, den Pudding eßlöffelweise darunter geben (darauf achten, daß weder Butter noch Pudding zu kalt sind, da sonst die Masse gerinnen kann), die einzelnen Böden mit der Buttercreme bestreichen, zu einer Torte zusammensetzen, die oberste Schicht muß aus einem Boden bestehen.

Für den Guß

100 g Schokolade etwas Kokosfett mit in einem Topf im Wasserbad bei schwacher Hitze zu einer geschmeidigen Masse verrühren, die Torte damit überziehen.

Kiwitorte

175 g Löffelbiskuits 100 g weicher Butter zerdrücken, mit verkneten

Springformrand (Durchmesser 26 cm) auf eine Tortenplatte stellen, die Löffelbiskuitmasse hineingeben, zu einem Boden andrücken, fest werden lassen.

Für den Belag

150 g weiche Butter geschmeidig rühren, nach und nach

125 g gesiebten Puderzucker 1 Päckchen Vanillin-Zucker 3 Eigelb 150 g abgezogene, gemahlene Mandeln 1¹/₂ Becher (225 g) Crème fraîche unterrühren

3 Kiwis schälen, in kleine Stücke schneiden, unterheben, die Masse in die Form geben, glattstreichen die Form abgedeckt 3–4 Stunden in den Kühlschrank stellen

3 Kiwis schälen, in Scheiben schneiden die Tortenoberfläche dicht damit belegen

1¹/₂ Becher (225 g) Crème fraîche 1 Päckchen Sahnesteif 1 gehäuften TL Zucker steif schlagen, die Crème fraîche in einen Spritzbeutel mit Sterntülle geben, die Torte verzieren.

Zitronentorte

Für den Teig

4 Eier
2 EL heißes
Wasser mit den Rührbesen des Handrührgerätes auf höchster Stufe in 1 Minute schaumig rühren

150 g Zucker mit
1 Päckchen
Vanillin-Zucker mischen, in 1 Minute einstreuen, dann noch etwa 2 Minuten schlagen

100 g
Weizenmehl mit
100 g
Speisestärke
1 gestr. TL
Backpulver mischen, die Hälfte davon auf die Eiercreme sieben, kurz auf niedrigster Stufe unterrühren, den Rest des Mehlgemisches auf dieselbe Weise unterarbeiten, den Teig in eine Springform (Durchmesser 28 cm, Boden gefettet, mit Backpapier belegt) füllen, glattstreichen

Ober-/Unterhitze 170–200 °C (vorgeheizt)
Heißluft 150–170 °C (nicht vorgeheizt)
Gas Stufe 3–4 (nicht vorgeheizt)
Backzeit 25–30 Minuten
den Tortenboden sofort nach dem Backen aus der Form lösen, auf einen Kuchenrost stürzen, das Backpapier abziehen, den erkalteten Tortenboden zweimal waagerecht durchschneiden.

Für die Füllung

125 g Butter zerlassen, von der Kochstelle nehmen, nach und nach
175 g Zucker unterrühren
4 Eigelb hinzufügen, die Masse im Wasserbad zu einer dicklichen Creme aufschlagen

125 ml (1/8 l)
Zitronensaft unterrühren, unter ständigem Schlagen bis kurz vor dem Kochen erhitzen, die Creme unter Rühren erkalten lassen.

Für die Buttercreme
aus

1 Päckchen
Pudding-Pulver
Vanille-
Geschmack
60 g Zucker
500 ml (1/2 l)
Milch nach Anleitung auf dem Päckchen einen Pudding zubereiten, kalt stellen, ab und zu durchrühren

250 g weiche
Butter mit den Rührbesen des Handrührgerätes auf höchster Stufe geschmeidig rühren, den Pudding nach und nach eßlöffelweise unterrühren, den unteren Biskuitboden mit der Hälfte der Zitronencreme bestreichen, mit dem zweiten Biskuitboden bedecken, mit der restlichen Zitronencreme bestreichen, mit dem oberen Boden bedecken, etwas andrücken, mit der Hälfte der übrigen Buttercreme

(Fortsetzung Seite 80)

die Torte ganz bestreichen, die restliche Buttercreme in einen Spritzbeutel mit großer Sterntülle geben, die Torte damit verzieren, im Wasserbad

50 g Zartbitter-Kuvertüre auflösen

Zitronen-scheiben

(unbehandelt) halbieren, mit den Ecken in die aufgelöste Kuvertüre tauchen, die Torte damit garnieren.

Buttercremetorte

Für den Teig

3 Eier

3–4 EL heißes

Wasser mit den Rührbesen des Hand-rührgerätes auf höchster Stufe in 1 Minute schaumig schlagen

150 g Zucker

1 Päckchen

Vanillin-Zucker mischen, in 1 Minute einstreuen, dann noch etwa 2 Minuten schlagen

100 g

Weizenmehl mit

100 g

Speisestärke

3 gestr. TL

Backpulver mischen, die Hälfte davon auf die Eiercreme sieben, kurz auf nied-rigster Stufe unterrühren, den Rest des Mehlgemisches auf dieselbe Weise unterarbeiten

oder

4 Eier

2 EL heißes

Wasser mit den Rührbesen des Hand-rührgerät auf höchster Stufe in 1 Minute schaumig schlagen

150 g Zucker mit

1 Päckchen

Vanillin-Zucker mischen, in 1 Minute einstreuen, noch etwa 2 Minuten schlagen

100 g

Weizenmehl mit

100 g

Speisestärke

2 gestr. TL

Backpulver mischen, die Hälfte davon auf die Eiercreme sieben, den Rest des Mehlgemisches auf dieselbe Weise unterarbeiten, den Teig in eine Springform (Durchmesser 28 cm, Boden gefettet, mit Back-papier belegt) füllen

die Form auf dem Rost in den Backofen schieben

Ober-/Unterhitze 180–200 °C (vorgeheizt)

Heißluft 160–180 °C (nicht vorgeheizt)

Gas Stufe 3–4 (vorgeheizt)

Backzeit 20–30 Minuten

den Tortenboden aus der Form lösen, erkalten lassen.

Für die Schokoladen-Buttercreme

aus

1 Päckchen

Pudding-Pulver

Feiner

Schokoladen-

Pudding

25 g Zucker

500 ml (¹/₂ l) Milch nach Vorschrift auf dem Päckchen (aber nur mit 25 g Zucker) einen Pudding zubereiten

100 g Zartbitter-Schokolade in kleine Stücke brechen, in den heißen Pudding geben, so lange rühren, bis sie gelöst ist, den Pudding kalt stellen, ab und zu durchrühren
oder
für die helle Buttercreme aus

1 Päckchen Pudding-Pulver Vanille-, Mandel-, Sahne- oder Karamel-Geschmack
75-100 g Zucker
500 ml (¹/₂ l) Milch nach Vorschrift auf dem Päckchen (aber mit 75–100 g Zucker) einen Pudding zubereiten, kalt stellen, ab und zu durchrühren
oder
für die Mokka-Buttercreme aus

1 Päckchen Pudding-Pulver Feiner Schokoladen-Pudding
75–100 g Zucker
1 EL Instant-Kaffee
500 ml (¹/₂ l) Milch nach Vorschrift auf dem Päckchen (aber mit 75–100 g Zucker) einen Pudding zubereiten, kalt stellen, ab und zu durchrühren

250 g Butter geschmeidig rühren, den erkalteten Pudding eßlöffelweise darunter geben (darauf achten, daß weder Butter noch Pudding zu kalt sind, da sonst eine Gerinnung eintreten kann) den Tortenboden zweimal durchschneiden, den unteren Boden (nach Belieben den Boden zunächst mit 2–3 Eßlöffeln Konfitüre bestreichen, mit gut ¹/₄ der Buttercreme bestreichen, den zweiten Boden darauf legen, mit knapp der Hälfte der restlichen Creme bestreichen, mit dem dritten Boden bedecken Rand und obere Seite der Torte dünn und gleichmäßig mit etwas von der zurückgelassenen Creme bestreichen, den Rand der Torte mit

Schokoladen-Streuseln oder abgezogenen, gehobelten, gebräunten Mandeln bestreuen, die Torte mit der restlichen Creme verzieren, nach Belieben garnieren.

Champagnertorte

Für den Knetteig

100 g **Weizenmehl**	mit
40 g Puderzucker **1 Eigelb** **50 g weicher** **Butter oder** **Margarine** **Mark von** **¹/₂ Vanilleschote**	in eine Rührschüssel geben, die Zutaten mit den Knethaken des Handrührgerätes zunächst kurz auf niedrigster, dann auf höchster Stufe gut durcharbeiten, anschließend auf der Arbeitsfläche zu einem glatten Teig verkneten, den Teig in Klarsichtfolie wickeln und mindestens 30 Minuten kühl stellen.

Für den Biskuitteig

50 g Butter	zerlassen, abkühlen lassen
4 Eier	trennen, das Eiweiß mit
150 g Zucker	steif schlagen, das Eigelb unterrühren
abgeriebene **Schale von** **1 Zitrone** **(unbehandelt)**	hinzugeben, umrühren
100 g **Weizenmehl**	mit
100 g **Speisestärke**	mischen, auf die Eischaummasse sieben, das Mehlgemisch locker unterheben, die aufgelöste Butter unterziehen, eine Springform (Durchmesser 24 cm, Boden

gefettet, mit Backpapier belegt) mit der Biskuitmasse füllen, glattstreichen

Ober-/Unterhitze	etwa 180 °C (vorgeheizt)
Heißluft	etwa 160 °C (nicht vorgeheizt)
Gas	etwa Stufe 3 (vorgeheizt)
Backzeit	25–30 Minuten

den Boden etwas abkühlen lassen, den Springformrand lösen und den Boden vollständig auf einem Kuchengitter auskühlen lassen, den Knetteig auf dem gefetteten Springformboden (Durchmesser 24 cm) ausrollen, mit einer Gabel mehrmals einstechen

Ober-/Unterhitze	etwa 180 °C (vorgeheizt)
Heißluft	etwa 160 °C (nicht vorgeheizt)
Gas	etwa Stufe 3 (vorgeheizt)
Backzeit	10–15 Minuten

den Boden abkühlen lassen.

Für die Füllung

2 gehäufte EL **Himbeergelee**	leicht erwärmen, den Knetteigboden gleichmäßig damit bestreichen, den Biskuitboden einmal waagerecht durchschneiden, einen Boden auf den Knetteig legen, den Springformrand darumlegen.

Für die Champagnercreme

6 Blatt Gelatine, **weiß**	etwa 10 Minuten in kaltem Wasser quellen lassen
2 Eier	trennen, das Eigelb mit
50 g Zucker	cremig schlagen
125 ml (¹/₈ l) **Champagner**	

(Fortsetzung Seite 84)

Saft und Schale von 1 Zitrone (unbehandelt)	unterrühren
	die Gelatine ausdrücken, in einem Topf erhitzen, bis sie gelöst ist, unter die Sektcreme ziehen, kurz kalt stellen, inzwischen das Eiweiß steif schlagen
100 ml Schlagsahne	steif schlagen
	wenn die Creme beginnt, dicklich zu werden, Sahne und Eiweiß unterheben, die Hälfte der Creme auf den Biskuitboden streichen, den zweiten Biskuitboden darauf legen und die restliche Creme gleichmäßig darauf streichen, etwa 1 Stunde kalt stellen.

Zum Verzieren

75 g Baiser	zerbröseln
75 g weiße Kuvertüre	mit einem Sparschäler Späne abschälen, die Torte aus dem Tortenring lösen
300 ml Schlagsahne	steif schlagen, die Torte rundherum damit bestreichen, den Rand mit einigen Kuvertürespänen bestreuen
	den Baiser kuppelartig auf die Torte geben, die restlichen Kuvertürespäne dazwischen streuen, mit
100 g frischen oder tiefgefrorenen Himbeeren	verzieren, vor dem Servieren mit
1 TL Puderzucker	bestäuben.

Birnen-Brombeer-Torte

Für den Teig

60 g Butter oder Margarine	zerlassen, etwas abkühlen lassen
5 Eier	
4–5 EL heißes Wasser	mit den Rührbesen des Handrührgerätes auf höchster Stufe in 1 Minute schaumig schlagen
120 g Zucker Salz abgeriebene Schale von 1 Zitrone (unbehandelt)	mischen, in 1 Minute einstreuen, dann noch etwa 2 Minuten schlagen
80 g Weizenmehl	mit
60 g Speisestärke	mischen, die Hälfte davon auf die Eiercreme sieben, kurz auf niedrigster Stufe unterrühren
	den Rest des Mehlgemisches auf die gleiche Weise unterarbeiten
	von dem lauwarmen Fett den Schaum (Molke) abnehmen, das Fett unter den Teig ziehen, den Teig in eine Springform (Durchmesser 28 cm, Boden gefettet, mit Backpapier begelegt) füllen, glattstreichen
	die Form auf dem Rost in den Backofen schieben
Ober-/Unterhitze	180–200 °C (vorgeheizt)
Heißluft	160–180 °C (nicht vorgeheizt)
Gas	Stufe 3–4 (vorgeheizt)
Backzeit	25–30 Minuten
	sofort nach dem Backen den Tortenboden aus der Form lösen,

auf einen Kuchenrost stürzen, das Backpapier abziehen, den Tortenboden erkalten lassen, einmal waagerecht durchschneiden.

Für die Füllung

2 kg reife, nicht zu große Birnen schälen, das Stielende gerade schneiden, die Birnen mit

2 EL Zitronensaft beträufeln, vierteln, entkernen, das Mark von

1 Vanilleschote

gut 500 ml (1/2 l) Weißwein

75 g Zucker verrühren, die Vanilleschote hinzufügen, zum Kochen bringen, nacheinander jeweils die Hälfte der Birnenviertel hineingeben, zum Kochen bringen, weichdünsten, im Saft erkalten lassen, den unteren Tortenboden mit der Hälfte von

300 g Brombeer-Konfitüre bestreichen
von den Birnenvierteln, die 14 schönsten beiseite legen, die Hälfte von den restlichen Birnen dicht nebeneinander auf den bestrichenen Tortenboden legen

1 Päckchen Gelatine gemahlen, weiß

3 EL kaltem Wasser mit anrühren, 10 Minuten zum Quellen stehenlassen, unter Rühren erwärmen, bis sie gelöst ist, die restlichen Birnen mit

125 ml (1/8 l) Birnensaft

4 EL Birnengeist pürieren

2 EL Zitronensaft unterrühren, die lauwarme Gelatine unterrühren, sobald die Masse beginnt dicklich zu werden,

375 ml (3/8 l) Schlagsahne steif schlagen, unterheben, um den belegten Tortenboden den Springformring setzen, die Birnensahne auf den Birnevierteln verteilen, den zweiten Tortenboden darauf legen, etwas andrücken

125 ml (1/8 l) Birnensaft mit

4 EL Birnengeist verrühren, den Biskuitboden damit beträufeln, die Torte etwa 1 Stunde kalt stellen

125 ml (1/8 l) Schlagsahne steif schlagen, die Torte ganz damit bestreichen, die 14 zurückgelassenen Birnenviertel gleichmäßig auf der Tortenoberfläche anordnen, die Tortenschnitte mit der restlichen Brombeer-Konfitüre ausfüllen.

Tip Lecker schmeckt die Torte auch mit Himbeeren. Dazu die Brombeer-Konfitüre durch Himbeer-Konfitüre ersetzen.

Blätterteig-Schichttorte

(Foto)

1 Packung (300 g) tiefgekühlten **Blätterteig**	abgedeckt bei Zimmertemperatur auftauen lassen, die Platten aufeinander legen, in drei gleich große Stücke schneiden, jede Teigplatte auf einen Springformboden (Durchmesser etwa 26 cm) ausrollen, mehrmals mit einer Gabel einstechen, ohne Springformrand auf dem Rost in den Backofen schieben (eine Tasse kaltes Wasser mit in den Backofen stellen)
Ober-/Unterhitze	200–220 °C (vorgeheizt)
Heißluft	170–180 °C (nicht vorgeheizt)
Gas	Stufe 4–5 (vorgeheizt)
Backzeit	je Boden 8–10 Minuten sofort nach dem Backen die Böden von dem Springformboden lösen, auf einem Rost erkalten lassen.

Für die Füllung

400 g Frischkäse	mit
200 ml Schlagsahne 80 g Zucker Saft von 1 Zitrone 50 ml Himbeergeist	glattrühren
500 g Himbeeren	sorgfälig verlesen, einige Früchte zum Dekorieren zurückbehalten, die restlichen Früchte unter die Creme heben
4 Blatt Gelatine, weiß	nach Anleitung in kaltem Wasser einweichen, ausdrücken, auflösen, die Gelatine unter die Creme ziehen, die Creme auf zwei Böden verteilen, die Böden aufeinandersetzen, den letzten Boden obendrauf setzen.

Für die Glasur

100 g Himbeergelee	mit
100 g gesiebtem Puderzucker	vermengen, unter Rühren das Gemisch auflösen
Saft von 1 Zitrone	hinzugeben, kurz erhitzen, etwas abkühlen lassen, die Glasur auf die Torte streichen, Torte mit den restlichen Früchten dekorieren.

Überraschungstorte

250 ml (¹/₄ l) Milch	mit
1 gestr. EL Speisestärke	in einem Topf verrühren
3 Eigelb	unterrühren, unter ständigem Schlagen erhitzen, bis eine Kochblase aufsteigt
250 g Zartbitter- Schokolade	in kleine Stücke brechen, in einem kleinen Topf im Wasserbad bei schwacher Hitze geschmeidig rühren
150 g weiche Butter	mit den Rührbesen des Hand-

(Fortsetzung Seite 88)

rührgerätes auf höchster Stufe geschmeidig rühren, die Schokolade unterrühren, zu der Eigelbcreme geben, gut verrühren, den geschlossenen Rand einer Springform (Durchmesser 24 cm) auf eine Tortenplatte setzen, den inneren Rand mit Pergamentpapier auslegen

125 ml (¹/₈ l) Milch	mit
¹/₂ Päckchen Vanillin-Zucker	verrühren, die Hälfte von
etwa 200 g Löffelbiskuits	kurz darin wenden, den Boden der Tortenplatte damit auslegen, die Hälfte der Schokoladencreme darauf streichen, mit den restlichen, ebenfalls in der Vanillemilch gewendeten Löffelbiskuits bedecken, mit der restlichen Schokoladencreme bestreichen, glattstreichen, fest werden lassen
25 g Schokolade etwas Kokosfett	in kleine Stücke brechen, mit in einem kleinen Topf im Wasserbad bei schwacher Hitze geschmeidig rühren, die Torte unregelmäßig damit besprenkeln.

Ananas-Kokos-Torte

(Foto)

1 Dose (490 ml) Ananas	auf einem Sieb abtropfen lassen
150 g Butter	mit
100 g Zucker	mit den Rührbesen des Handrührgerätes geschmeidig rühren
4 Eier	nach und nach unterrühren

	(jedes Ei etwa ¹/₂ Minute) die Masse cremig schlagen
250 g Weizenmehl	mit
50 g Speisestärke	
3 TL Backpulver	vermischen, abwechselnd mit
200 ml Kokosnußcreme (Dose)	unterrühren, eine Springform (Durchmesser 28 cm, Boden gefettet, mit Backpapier belegt) mit den abgetropften Ananasringen belegen, den Teig darauf versteichen
Ober-/Unterhitze	etwa 180 °C (vorgeheizt)
Heißluft	etwa 160 °C (nicht vorgeheizt)
Gas	etwa Stufe 3 (vorgeheizt)
Backzeit	etwa 55 Minuten den Boden in der Form auskühlen lassen, den Kuchen begradigen, da er sonst evtl. auseinanderbricht den Kuchen auf eine Tortenplatte stürzen, das Backpapier abziehen
100 g Ananas-Konfitüre	erwärmen, durch ein Sieb streichen den Tortenrand und die Tortenoberfläche mit der Konfitüre bestreichen, den Tortenrand mit
3 EL Kokosraspeln	bestreuen
8 Cocktailkirschen	mit
25 g Zucker	bestreuen, die Cocktailkirschen auf der Torte anordnen die Torte mit
Minzeblättchen Kapstachelbeeren	dekorieren.

Schwarzbrot-Preiselbeer-Torte

Von

250 g Schwarzbrot (vom Vortag, das Brot sollte sehr trocken sein)	die Rinde entfernen und das Brot fein reiben
4 Eier	mit
175 g Zucker	
2 EL Rum	
2 EL Wasser	mit den Rührbesen des Handrührgerätes schaumig schlagen
50 g Weizenmehl	mit
50 g geriebener Schokolade	
2 TL Backpulver	mischen, mit dem geriebenen Schwarzbrot vermischen, unter die Eiermasse heben eine Springform (Durchmesser 28 cm, Boden gefettet, mit Backpapier belegt) mit dem Teig füllen, glattstreichen
Ober-/Unterhitze	etwa 180 °C (vorgeheizt)
Heißluft	etwa 160 °C (nicht vorgeheizt)
Gas	etwa Stufe 3 (vorgeheizt)
Backzeit	etwa 55 Minuten den Boden auf einem Kuchenrost auskühlen lassen.

Für die Füllung

1 Glas (340 ml) Preiselbeeren	auf einem Sieb abtropfen lassen
4 Blatt Gelatine, weiß	etwa 10 Minuten in kaltem Wasser quellen lassen
300 ml Schlagsahne	mit
25 g Zucker	steif schlagen, die Gelatine ausdrücken, bei schwacher Hitze auflösen, unter die Sahne rühren, $2/3$ der Preiselbeeren unterheben, das Schwarzbrotbiskuit aus der Form lösen und einmal waagerecht durchschneiden, den unteren Boden auf eine Tortenplatte legen, mit der Preiselbeersahne bestreichen, den oberen Boden darauf setzen, die Torte für etwa 1 Stunde kalt stellen, anschließend
300 ml Schlagsahne	steif schlagen, $1/3$ der Sahne in einen Spritzbeutel mit Sterntülle füllen, beiseite legen, die Torte rundherum mit der restlichen Sahne einstreichen, den Rand der Torte mit der restlichen geraspelten Schokolade bestreuen, mit dem Spritzbeutel Sahnetuffs auf die Tortenoberfläche spritzen, die restliche Brotscheibe in Stücke schneiden, die Torte mit Brotstücken, übrigen Preiselbeeren und
einigen Melisseblättchen	verzieren.

Schneetorte

Für den Knetteig

150 g Weizenmehl	in eine Rührschüssel sieben
40 g Zucker	
1 Päckchen Vanillin-Zucker	hineingeben
100 g weiche Butter	hinzufügen, alle Zutaten mit den Rührbesen des Handrührgerätes zunächst auf niedrigster, dann auf höchster Stufe gut durcharbeiten, anschließend auf der Arbeitsfläche zu einem glatten Teig verkneten, sollte er kleben, ihn eine Zeitlang kalt stellen, den Teig auf dem Boden einer Springform (Durchmesser 28 cm, Boden gefettet) ausrollen, mehrmals mit einer Gabel einstechen, in den Backofen schieben
Ober-/Unterhitze	200–220 °C (vorgeheizt)
Heißluft	180–200 °C (nicht vorgeheizt)
Gas	Stufe 3–4 (vorgeheizt)
Backzeit	etwa 15 Minuten sofort nach dem Backen den Boden vom Springformboden lösen, aber erst, wenn er erkaltet ist, den Boden auf eine Tortenplatte legen.

Für den Rührteig

125 g weiche Butter	mit den Rührbesen des Handrührgerätes auf höchster Stufe in etwa 1/2 Minute geschmeidig rühren, nach und nach
125 g Zucker	
1 Päckchen Vanillin-Zucker	unterrühren, so lange rühren, bis eine gebundene Masse entstanden ist
1 Ei	
2 Eiweiß	nach und nach unterrühren
75 g Weizenmehl	mit
50 g Speisestärke	
1 gestr. TL Backpulver	mischen, sieben, eßlöffelweise auf mittlerer Stufe unterrühren, den Teig in eine Springform (Durchmesser 28 cm, Boden gefettet) füllen, glattstreichen die Form auf dem Rost in den Backofen schieben
Ober-/Unterhitze	180–200 °C (vorgeheizt)
Heißluft	160–180 °C (nicht vorgeheizt)
Gas	Stufe 3–4 (vorgeheizt)
Backzeit	20–30 Minuten den Tortenboden vom Springformrand lösen, auf einen Kuchenrost legen, gut auskühlen lassen (am besten einen Tag vorher backen), den Boden einmal waagerecht durchschneiden.

Für die Füllung

1 Päckchen Gelatine gemahlen, weiß	mit
4 EL kaltem Wasser	in einem kleinen Topf anrühren, 10 Minuten zum Quellen stehenlassen
100 ml Milch	mit
100 g Zucker	
50 g Honig	
2 Eigelb	unter ständigem Schlagen mit

einem Schneebesen zum Kochen bringen, von der Kochstelle nehmen, die gequollene Gelatine hinzufügen, so lange rühren, bis sie gelöst ist, kalt stellen

500 g Speisequark abgeriebene Schale von 1/2 Zitrone (unbehandelt) 1 EL Zitronensaft mit der erkalteten Honigmilch verrühren

500 ml (1/2 l) Schlagsahne steif schlagen, darunter heben, den Knetteigboden mit

etwa 2 EL Ananas- oder Aprikosen-Konfitüre bestreichen, die untere Hälfte des Rührteigbodens darauf legen, den Springformrand um die Böden legen (evtl. mit einem Backpapierstreifen auslegen), schließen, die Füllung gleichmäßig auf dem Tortenboden verteilen, mit der oberen Tortenbodenhälfte bedecken, kalt stellen, damit die Quarkmasse fest wird, den Springformrand mit einem Messer vorsichtig von der Torte lösen, den Rand der Torte mit

abgezogenen, gehobelten, gebräunten Mandeln bestreuen, die obere Seite mit **Puderzucker** bestäuben.

Quarkschaumtorte

175 g weiche Butter mit den Rührbesen des Handrührgerätes auf höchster Stufe in etwa 1/2 Minute geschmeidig rühren, nach und nach

150 g Zucker abgeriebene Schale von 1 Zitrone (unbehandelt) 2-3 EL Zitronensaft unterrühren, so lange rühren, bis eine gebundene Masse entstanden ist

7 Eier nach und nach unterrühren (jedes Ei etwa 1/2 Minute)

750 g Magerquark mit **75 g Grieß** eßlöffelweise auf mittlerer Stufe unterrühren, den Teig in eine gefettete Springform (Durchmesser 28 cm) füllen, glattstreichen, die Form auf dem Rost in den Backofen schieben

Ober-/Unterhitze etwa 180 °C (vorgeheizt)
Heißluft etwa 160 °C (nicht vorgeheizt)
Gas Stufe 2–3 (vorgeheizt)
Backzeit etwa 70 Minuten
die gebackene Torte noch etwa 30 Minuten im Backofen bei etwas geöffneter Backofentür ruhen lassen, erst dann herausnehmen und in der Form erkalten lassen, rundherum auf der Tortenoberfläche mit

Puderzucker bestäuben.

Walnußtorte

Für den Teig

4 Eier	mit
4–5 EL Wasser	mit den Rührbesen des Handrührgerätes schaumig schlagen
200 g Zucker **1 Päckchen** **Vanillin-Zucker**	einrieseln lassen, weiterschlagen, bis sich der Zucker gelöst hat
150 g **Weizenmehl** **100 g** **Speisestärke** **3 gestr. TL** **Backpulver**	mischen, vorsichtig unter die Eiermasse unterheben, den Teig in eine Springform (Durchmesser 26 cm, Boden gefettet, mit Backpapier belegt) geben
Ober-/Unterhitze	180–200 °C (vorgeheizt)
Heißluft	160–180 °C (nicht vorgeheizt)
Gas	Stufe 3–4 (vorgeheizt)
Backzeit	etwa 30 Minuten den Boden erkalten lassen, zweimal waagerecht durchschneiden.

Für die Füllung

den Boden mit

3–4 EL Zitronengelee	bestreichen
100 g Marzipan-Rohmasse **50 g Puderzucker**	mit verkneten, in Kuchengröße ausrollen, auf den unteren Boden legen
150 g gemahlene Walnußkerne	in einer beschichteten Pfanne ohne Fett rösten, dann erkalten lassen
500 ml (1/2 l) **Schlagsahne** **2 Päckchen** **Sahnesteif** **1 EL Zucker**	mit steif schlagen, die gerösteten Walnußkerne unterziehen, eine Schicht Walnußsahne auf die Marzipanschicht streichen, den zweiten Boden mit Gelee bestreichen, darauf setzen, danach wieder eine Schicht Walnußsahne streichen, mit dem dritten Boden abdecken, die Torte rundherum mit der Nußsahne bestreichen, den Rand mit
100 g **gemahlenen** **Walnußkernen**	bestreuen.

Zum Verzieren

250 ml (1/4 l) **Schlagsahne** **1 TL Zucker**	mit steif schlagen, die steifgeschlagene Sahne in einen Spritzbeutel mit Sterntülle füllen, Sahnetuffs auf die Torte spritzen, die Torte mit
17 Walnußkern-hälften	dekorieren.

Mozarttorte

Für den Knetteig

150 g Weizenmehl	in eine Rührschüssel sieben
40 g Zucker **2 Päckchen Vanillin-Zucker** **100 g weiche Butter oder Margarine**	hinzufügen, alle Zutaten mit den Knethaken des Handrührgerätes zunächst kurz auf niedrigster, dann auf höchster Stufe gut durcharbeiten, anschließend auf der Arbeitsfläche zu einem glatten Teig verkneten, sollte er kleben, ihn eine Zeitlang kalt stellen, den Teig auf dem Boden einer Springform (Durchmesser 28 cm) ausrollen, mehrmals mit einer Gabel einstechen, den Springformrand darum legen die Form auf dem Rost in den Backofen schieben
Ober-/Unterhitze	200–220 °C (vorgeheizt)
Heißluft	180–200 °C (nicht vorgeheizt)
Gas	Stufe 4–5 (vorgeheizt)
Backzeit	etwa 15 Minuten den gebackenen Tortenboden sofort vom Springformboden lösen, aber erst nach dem Erkalten auf eine Tortenplatte legen.

Für den Biskuitteig

4 Eier **2 EL heißes Wasser**	mit den Rührbesen des Handrührgerätes auf höchster Stufe in 1 Minute schaumig schlagen
100 g Zucker **1 Päckchen Vanillin-Zucker**	in einer Minute einstreuen, dann noch etwa 2 Minuten schlagen
75 g Weizenmehl **30 g Speisestärke** **1 gestr. EL Kakao** **1/2 gestr. TL Backpulver**	mit mischen, die Hälfte davon auf die Eiercreme sieben, kurz auf niedrigster Stufe unterrühren, den Rest des Mehlgemisches auf dieselbe Weise unterarbeiten, den Teig in eine Springform (Durchmesser 28 cm, Boden gefettet, mit Backpapier belegt) füllen, glattstreichen die Form auf dem Rost in den Backofen schieben
Ober-/Unterhitze	180–200 °C (vorgeheizt)
Heißluft	160–180 °C (nicht vorgeheizt)
Gas	Stufe 3–4 (vorgeheizt)
Backzeit	30–35 Minuten nach dem Backen den Tortenboden aus der Form lösen, auf einen Kuchenrost stürzen, das Papier abziehen, den erkalteten Boden einmal durchschneiden.

Für die Füllung

50 g Rosinen **3 EL Rum**	verlesen, in einige Stunden einweichen
1 Päckchen Gelatine gemahlen, weiß **3 EL kaltem Wasser**	mit in einem kleinen Topf anrühren, 10 Minuten zum Quellen stehen-

lassen, die gequollene Gelatine erwärmen, bis sie gelöst ist

750 ml (³/₄ l) Schlagsahne	fast steif schlagen, die Gelatine mit etwas von der Sahne verrühren, zu der übrigen Sahne geben, die Sahne vollkommen steif schlagen, die Sahne in 3 Teile teilen
75 g Nuß-Nougat-Masse	in einem kleinen Topf im heißen Wasserbad geschmeidig rühren, unter einen Teil der Sahne rühren, die eingeweichten Rosinen abtropfen lassen, die Flüssigkeit mit
2 EL gesiebtem Puderzucker	unter den zweiten Teil der Sahne rühren, die Rosinen
2 EL gesiebten Puderzucker	unter die restliche Sahne rühren den Knetteigboden mit
2–3 EL Preiselbeeren (aus dem Glas)	bestreichen, mit dem unteren Biskuitteigboden bedecken, etwas andrücken, mit der Nougatsahne bestreichen, mit dem oberen Biskuitboden bedecken, mit der Rosinensahne bestreichen, von der Rum-Sahne 2–3 Eßlöffel in einen Spritzbeutel mit Sterntülle füllen, mit der restlichen Rumsahne Rand und Tortenoberfläche bestreichen, den Tortenrand mit
Schokostreuseln	bestreuen, die Tortenoberfläche mit der Sahne aus dem Spritzbeutel verzieren.

Wiener Sandtorte

6 Eier	mit den Rührbesen des Handrührgerätes mit
375 g feinkörnigen Zucker	(eßlöffelweise hinzufügen)
2 Päckchen Vanillin-Zucker	1¹/₂ –2 Minuten schlagen
2 EL Wasser	hinzugeben
175 g Weizenmehl	mit
175 g Speisestärke	
1¹/₂ gestr. TL Backpulver	mischen, sieben, eßlöffelweise auf mittlerer Stufe unterrühren
375 g zerlassene Butter	heiß (aber nicht kochend) vorsichtig unterrühren, den Teig in eine Springform (Durchmesser 28 cm, Boden gefettet) füllen
Ober-/Unterhitze	150–170 °C (vorgeheizt)
Heißluft	140–150 °C (nicht vorgeheizt)
Gas	Stufe 2–3 (nicht vorgeheizt)
Backzeit	etwa 70 Minuten die Torte aus der Form lösen, auf einem Kuchenrost abkühlen lassen, mit
Puderzucker	bestäuben.

Mignontorte

Für den Teig

500 g
Weizenmehl | mit
2 gestr. TL
Backpulver | mischen, in eine Rührschüssel sieben

150 g gesiebten
Puderzucker
1 Päckchen
Vanillin-Zucker
3 Eier
Salz
abgeriebene
Schale von
1 Zitrone
(unbehandelt)
300 g
weiche Butter | hinzufügen, die Zutaten mit den Knethaken des Handrührgerätes zunächst kurz auf niedrigster, dann auf höchster Stufe gut durcharbeiten, anschließend auf der Arbeitsfläche zu einem glatten Teig verkneten, sollte er kleben, ihn eine Zeitlang kalt stellen etwas Teig dünn ausrollen, kleine Blätter ausstechen, auf ein gefettetes Backblech legen

Ober-/Unterhitze | 170–200 °C (vorgeheizt)
Heißluft | 150–170 °C (nicht vorgeheizt)
Gas | Stufe 3–4 (vorgeheizt)
Backzeit | 8–10 Minuten
den restlichen Teig in 5 Teile teilen, jeweils einen Teil auf dem Boden einer Springform (Durchmesser 26 cm, Boden gefettet) ausrollen, mehrmals mit einer

Gabel einstechen, nacheinander bei gleicher Temperatur wie die Plätzchen backen

Backzeit | 12–15 Minuten
die Tortenböden sofort nach dem Backen vom Springformboden lösen, erkalten lassen.

Für die Füllung

abgeriebene
Schale von
2 Zitronen
(unbehandelt) | in einen Topf geben
175 g Zucker
1 Päckchen
Vanillin-Zucker
2 schwach
gehäufte EL
Speisestärke | hinzufügen
150 ml
Zitronensaft
(3–4 Zitronen) | hinzugießen, verrühren
3 Eier | hinzufügen, die Masse unter ständigem Rühren zum Kochen bringen, von der Kochstelle nehmen, nach und nach

200 g
weiche Butter | unterrühren, die Creme erkalten lassen, ab und zu durchrühren, jeweils 2 Plätzchen mit etwas Creme zusammensetzen, mit der restlichen Creme die 5 Tortenböden bestreichen, zu einer Torte zusammensetzen, den Tortenrand mit etwas Creme bestreichen die Torte einige Zeit kalt stellen

225 g gesiebten
Puderzucker | mit

(Fortsetzung Seite 100)

4–5 EL
Zitronensaft zu einer dickflüssigen Masse verrühren, mit dem Guß die Torte überziehen und verzieren
die Plätzchen auf die Tortenoberfläche dekorieren.

Nuß-Pflaumen-Torte

Für den Teig

**200 g Weizen-
vollkornmehl** mit
**¹/₂ Päckchen
Trocken-Backhefe** sorgfältig vermischen
**50 g flüssigen
Honig
Salz
125 ml (¹/₈ l)
lauwarme Milch
50 g zerlassene
Butter** hinzufügen, die Zutaten mit den Knethaken des Handrührgerätes zunächst auf niedrigster, dann auf höchster Stufe in etwa 5 Minuten zu einem Teig verarbeiten, den Teig abgedeckt so lange an einem warmen Ort stehenlassen, bis er sich sichtbar vergrößert hat.

Für den Belag

50 g Butter mit
50 g Honig in einer Bratpfanne zerlassen, erwärmen

**50 g Vollkorn-
semmelbrösel
50 g gemahlene
Haselnußkerne** hinzufügen, unter Rühren leicht

bräunen, erkalten lassen, die Masse mit einem Löffel zu Bröseln zerdrücken
1 kg Pflaumen waschen, abtrocknen, halbieren, entsteinen, die Pflaumen oben kreuzweise einschneiden, den gegangenen Teig aus der Schüssel nehmen, auf der Arbeitsfläche nochmals gut durchkneten, eine Rolle formen, eine Springform (Durchmesser 28 cm, Boden gefettet) so damit auslegen, daß ein etwa 2 cm hoher Rand entsteht, gut die Hälfte der Bröselmasse darauf verteilen, dann schuppenförmig mit den Pflaumen belegen, nochmals an einem warmen Ort so lange gehen lassen, bis sich der Teig sichtbar vergrößert hat
die Form auf dem Rost in den Backofen schieben
Ober-/Unterhitze etwa 200 °C (vorgeheizt)
Heißluft etwa 180 °C (nicht vorgeheizt)
Gas Stufe 3–4 (vorgeheizt)
Backzeit etwa 30 Minuten.

Zum Bestreichen

**3 EL Aprikosen-
Konfitüre** durch ein Sieb streichen, erhitzen, die Torte sofort nach dem Backen damit bestreichen, mit den restlichen Bröseln bestreuen.

Erdbeer-Sahne-Torte

Für den Teig

2 Eier	
2–3 EL heißes Wasser	mit den Rührbesen des Handrührgerätes auf höchster Stufe in 1 Minute schaumig schlagen
100 g Zucker	mit
1 Päckchen Vanillin-Zucker	mischen, in 1 Minute einstreuen, dann noch etwa 2 Minuten schlagen
75 g Weizenmehl	mit
50 g Speisestärke	
1 gestr. TL Backpulver	mischen, die Hälfte davon auf die Eiercreme sieben, kurz auf niedrigster Stufe unterrühren, den Rest des Mehlgemisches auf dieselbe Weise unterarbeiten, den Teig in eine Springform (Durchmesser 28 cm, Boden gefettet, mit Backpapier belegt) füllen die Form auf dem Rost in den Backofen schieben
Ober-/Unterhitze	180–200 °C (vorgeheizt)
Heißluft	160–180 °C (nicht vorgeheizt)
Gas	3–4 (nicht vorgeheizt)
Backzeit	20–30 Minuten den Tortenboden aus der Form lösen, erkalten lassen.

Für die Füllung

aus

1 Päckchen Soßen-Pulver Vanille-Geschmack	mit
25 g Zucker	
knapp 250 ml (1/4 l) Milch	nach Vorschrift auf dem Päckchen einen Pudding zubereiten, kalt stellen, ab und zu durchrühren
500 g Erdbeeren	waschen, gut abtropfen lassen, entstielen
500 ml (1/2 l) Schlagsahne	1/2 Minute schlagen
50 g Puderzucker	sieben, mit
1 Päckchen Vanillin-Zucker	
1 Päckchen Sahnesteif	mischen, einstreuen, die Sahne steif schlagen, den Tortenboden einmal durchschneiden, den unteren Boden mit dem Pudding bestreichen, mit den Erdbeeren belegen, 3/4 der Sahne gleichmäßig darübergeben, den oberen Boden darauf legen, gut andrücken, Rand und die obere Seite der Torte gleichmäßig mit etwas von der zurückgelassenen Sahne bestreichen, die Torte mit der restlichen Sahne verzieren, mit
halbierten Erdbeeren	garnieren.
Tip	Wer mag, kann die Torte auch mit Himbeeren zubereiten. Die Himbeeren nicht waschen, sondern verlesen und entstielen.

Apfel- oder Kirschtorte, gedeckt

Für den Teig

300 g Weizenmehl	mit
2 gestr. TL Backpulver	mischen, in eine Rührschüssel sieben
100 g Zucker	
1 Päckchen Vanillin-Zucker	
Salz	
½ Eigelb	
1 Eiweiß	
1 EL Milch	
150 g weiche Butter oder Margarine	hinzufügen, die Zutaten mit den Knethaken des Handrührgerätes zunächst kurz auf niedrigster, dann auf höchster Stufe gut durcharbeiten, anschließend auf der Arbeitsfläche zu einem glatten Teig verkneten, sollte er kleben, ihn eine Zeitlang kalt stellen knapp die Hälfte des Teiges auf dem Boden einer Springform (Durchmesser 28 cm, Boden gefettet) ausrollen, mehrmals mit einer Gabel einstechen, den Springformring darum geben, die Form auf dem Rost in den Backofen schieben
Ober-/Unterhitze	200–220 °C (vorgeheizt)
Heißluft	170–180 °C (nicht vorgeheizt)
Gas	Stufe 3–4 (nicht vorgeheizt)
Backzeit	15–20 Minuten.

Für die Apfelfüllung

50 g Rosinen	verlesen
etwa 2 kg Äpfel	schälen, vierteln, entkernen, in kleine Stücke schneiden, mit
1 EL Wasser	
50 g Zucker	
½ TL gemahlenem Zimt	und den Rosinen unter Rühren dünsten, etwas abkühlen lassen, mit
etwa 50 g Zucker **einigen Tropfen** **Rum-Aroma oder** **Backöl Zitrone**	abschmecken.

Für die Kirschfüllung

1 kg Sauerkirschen	waschen, abtropfen lassen, entstielen, entsteinen, mit
100 g Zucker	mischen, kurze Zeit zum Saftziehen stehenlassen, nur eben zum Kochen bringen, abtropfen lassen, wenn Saft und Kirschen kalt sind, 250 ml (¼ l) Saft abmessen (evtl. mit Wasser ergänzen)
20 g Speisestärke	mit 4 Eßlöffeln von dem Saft anrühren, den übrigen Saft zum Kochen bringen, die Speisestärke unter Rühren in den von der Kochstelle genommenen Saft geben, kurz aufkochen lassen, die Kirschen unterrühren, kalt stellen, mit
etwa 1 EL Zucker	abschmecken, den übrigen Teig zu einer Platte in der Größe der Springform ausrollen, den Rest zu einer Rolle formen, die Rolle als Rand auf den vorgebackenen

(Fortsetzung Seite 104)

Boden legen, so an die Form
drücken, daß ein etwa 3 cm
hoher Rand entsteht, die Füllung
auf den Boden streichen, die
Teigplatte darauf legen

½ Eigelb mit
1 EL Milch verschlagen, die Teigplatte damit
bestreichen, mit einer Gabel
einstechen oder mit einem Teig-
rädchen ein Gittermuster rädern,
in den Backofen schieben
Ober-/Unterhitze 200–220 °C (vorgeheizt)
Heißluft etwa 170 °C (nicht vorgeheizt)
Gas Stufe 3–4 (nicht vorgeheizt)
Backzeit 20–30 Minuten.

Aranca-Sekt-Torte

Für den Teig

2 Eier
2 EL heißes
Wasser mit den Rührbesen des Handrührgerätes auf höchster Stufe in
1 Minute schaumig schlagen

75 g Zucker
1 Päckchen
Vanillin-Zucker mischen, in 1 Minute einstreuen,
dann etwa 2 Minuten schlagen

75 g
Weizenmehl mit
50 g
Speisestärke
1 gestr. TL
Backpulver mischen, auf die Eiercreme
sieben, kurz auf niedrigster Stufe
unterrühren

abgeriebene
Schale von
1 Zitrone
(unbehandelt) unterrühren
den Teig in eine Obstkuchenform
Durchmesser 28 cm, Boden
gefettet) füllen
Ober-/Unterhitze 170–200 °C (vorgeheizt)
Heißluft 150–170 °C (nicht vorgeheizt)
Gas Stufe 3–4 (vorgeheizt)
Backzeit etwa 25 Minuten
den Tortenboden aus der Form
lösen, erkalten lassen.

Für den Belag

etwa 500 g
gemischtes
Obst
(aus der Dose) auf den Boden verteilen
2 Päckchen
Aranca Apriko-
sen-Maracuja-
Geschmack mit
400 ml Sekt anrühren (ohne Ei)
400 ml
Schlagsahne steif schlagen, unter die Creme
rühren
die Masse kuppelartig auf die
Früchte verteilen
etwa 2 Stunden kühl stellen, mit
Schokoraspeln garnieren.
Tip Wer mag, kann die Torte mit
halbierten, entkernten Weintrauben verzieren.

Kardinalstorte

Für den Teig

3 Eier
2–3 EL heißes
Wasser mit den Rührbesen des Handrührgerätes auf höchster Stufe in
1 Minute schaumig schlagen

125 g Zucker in 1 Minute einstreuen, dann
noch etwa 2 Minuten schlagen

75 g Weizenmehl mit
1 Päckchen
Pudding-Pulver
Vanille-
Geschmack
1 gestr. TL
Backpulver mischen, die Hälfte davon auf die
Eiercreme sieben, kurz auf
niedrigster Stufe unterrühren, den
Rest des Mehlgemisches auf die
gleiche Weise unterarbeiten, den
Teig in eine Springform (Durch-
messer 28 cm, Boden gefettet,
mit Backpapier ausgelegt) füllen,
glattstreichen die Form auf dem
Rost in den Backofen schieben

Ober-/Unterhitze 180–200 °C (vorgeheizt)
Heißluft 160–180 °C (nicht vorgeheizt)
Gas Stufe 3–4 (vorgeheizt)
Backzeit etwa 30 Minuten
sofort nach dem Backen den
Tortenboden aus der Form lösen,
auf einen Kuchenrost stürzen, das
Papier abziehen, den Torten-
boden erkalten lassen, einmal
durchschneiden.

Für die Füllung

250–300 g
entsteinte, ge-
dünstete Sauer-
kirschen gut abtropfen lassen (einige
Kirschen zum Garnieren
zurücklassen) mit

3 EL Rum beträufeln, den unteren
Tortenboden mit

2–3 EL rotem
Johannisbeer-
gelee bestreichen, den zweiten Boden
darauf legen, die abgetropften
Rum-Kirschen darauf verteilen,
aus

1 Päckchen
Rotwein-Creme
250 ml (¹⁄₄ l)
Schlagsahne nach der Vorschrift auf dem
Päckchen eine Creme zubereiten,
Rand und obere Seite der Torte
gleichmäßig damit bestreichen
die Oberfläche der Torte mit

Schokoladen-
streuseln oder
Schokoladen-
blättchen bestreuen
125 ml (¹⁄₈ l)
Schlagsahne steif schlagen, in einen Spritzbeutel mit gezackter Tülle füllen,
die Torte damit verzieren, mit den
zurückgelassenen Kirschen garnieren, bis zum Servieren kühl
stellen.

Linzer Torte

(Foto)

200 g Weizenmehl	mit
1 gestr. TL Backpulver	mischen, in eine Rührschüssel sieben
125 g Zucker **1 Päckchen Vanillin-Zucker** **2 Tropfen Backöl Bittermandel** **1 Msp. gemahlene Nelken** **1 gestr. TL gemahlenen Zimt** **Salz** **½ Eigelb** **1 Eiweiß** **125 g weiche Butter** **125 g nicht abgezogene, gemahlene Mandeln**	hinzufügen die Zutaten mit den Knethaken des Handrührgerätes zunächst kurz auf niedrigster, dann auf höchster Stufe gut durcharbeiten, anschließend auf der Arbeitsfläche zu einem glatten Teig verkneten knapp die Hälfte des Teiges zu einer Platte in der Größe der Springform (Durchmesser 28 cm) ausrollen 16–20 Streifen daraus rädern, den

übrigen Teig auf dem gefetteten Springformboden ausrollen, mit

100 g Himbeer-Konfitüre	bestreichen, dabei am Rand etwa 1 cm Teig frei lassen, die Teigstreifen gitterförmig über die Konfitüre legen
½ Eigelb **1 TL Milch**	verschlagen, die Teigstreifen damit bestreichen
Ober-/Unterhitze	170–200 °C (vorgeheizt)
Heißluft	150–170 °C (nicht vorgeheizt)
Gas	Stufe 3–4 (vorgeheizt)
Backzeit	25–30 Minuten.

Weincremetorte mit Trauben

Für den Teig

100 g Marzipan-Rohmasse **100 g Zucker** **2–3 EL Weinbrand** **Salz** **1 TL abgeriebene Zitronenschale (unbehandelt)**	mit verrühren
4 Eigelb	hinzufügen, mit den Rührbesen des Handrührgerätes cremig rühren
4 Eiweiß	steif schlagen, auf die Eigelbcreme geben
100 g Weizenmehl	darauf sieben, Eischnee und Mehl vorsichtig unter die Eigelb-

(Fortsetzung Seite 108)

Marzipan-Masse heben, den Teig in eine Springform (Durchmesser 26 cm, Boden gefettet) füllen, glattstreichen
die Form auf dem Rost in den Backofen schieben

Ober-/Unterhitze 180–200 °C (vorgeheizt)
Heißluft 160–180 °C (nicht vorgeheizt)
Gas Stufe 2–3 (vorgeheizt)
Backzeit etwa 25 Minuten
den gebackenen Tortenboden in der Form erkalten lassen, aus der Springform lösen, einmal durchschneiden.

Für die Füllung

1 Päckchen Gelatine gemahlen, weiß mit
5 EL kaltem Wasser anrühren, 10 Minuten zum Quellen stehenlassen
1 kg grüne Weintrauben waschen, trockentupfen, die Beeren von den Stielen zupfen
4 Eigelb mit
80 g Zucker
1 EL Zitronensaft
250 ml (¹⁄₄ l) Weißwein im heißen Wasserbad mit den Rührbesen des Handrührgerätes auf höchster Stufe in etwa 5 Minuten cremig schlagen, die gequollene Gelatine unter die warme Weincreme rühren, die Creme im kalten Wasserbad abkühlen lassen, den unteren Tortenboden mit
150 g Aprikosen-Konfitüre bestreichen, dicht mit gut ²⁄₃ der

Beeren belegen, den Springformring um den Tortenboden setzen, sobald die Creme beginnt dicklich zu werden

250 ml (¹⁄₄ l) Schlagsahne steif schlagen, unter die restliche Weincreme heben, die Creme auf den Weintrauben verteilen, glattstreichen, mit dem oberen Tortenboden bedecken, etwas andrücken, die Torte über Nacht in den Kühlschrank stellen, den Springformring entfernen, die restlichen Beeren halbieren, entkernen

250 ml (¹⁄₄ l) Schlagsahne steif schlagen, die Torte ganz damit bestreichen, auf der Tortenoberfläche aus den Beerenhälften 2 Weintrauben zusammensetzen

¹⁄₂ Päckchen (75 g) Halbbitter-Kuvertüre in einem kleinen Topf im heißen Wasserbad geschmeidig rühren, aus Pergamentpapier eine Spritztüte mit ganz kleiner Öffnung formen, die geschmolzene Schokolade hineingeben und Weinranken, -stiele und -blätter auf die Tortenoberfläche spritzen.

Birnen-Sahne-Torte

Für den Teig

150 g
Weizenmehl in eine Rührschüssel sieben, mit
100 g
Kokosraspeln mischen
75 g Zucker
**1 Päckchen
Vanillin-Zucker
abgeriebene
Schale von
1 Zitrone
(unbehandelt)
1 Ei
125 g weiche
Butter** hinzufügen, die Zutaten mit den
Knethaken des Handrührgerätes
kurz auf niedrigster, dann auf
höchster Stufe gut durcharbeiten,
anschließend auf der Arbeitsfläche zu einem glatten Teig verkneten, den Teig etwa 30 Minuten
kalt stellen, gut $^2/_3$ des Teiges auf
dem Boden einer Springform
(Durchmesser 28 cm, Boden
gefettet) ausrollen, den Springformring darumlegen, den Rest
des Teiges zu einer Rolle formen,
als Rand auf den Tortenboden
legen, so an die Form drücken,
daß ein etwa 3 cm hoher Rand
entsteht, den Teigboden mehrmals mit einer Gabel einstechen
die Form auf dem Rost in den
Backofen schieben
Ober-/Unterhitze 200–220 °C (vorgeheizt)
Heißluft 180–200 °C (nicht vorgeheizt)
Gas etwa Stufe 4 (vorgeheizt)
Backzeit 20–25 Minuten

sofort nach dem Backen den
Springformrand vorsichtig lösen,
den Tortenboden erkalten lassen.

Für den Belag

**1 kg Birnen
(z. B. Williams-
Christ-Birne)** schälen, halbieren, entkernen
**375 ml ($^3/_8$ l)
Weißwein** mit
50 g Zucker
1 Zimtstange zum Kochen bringen, die Birnen-
hälften hineingeben, zum Kochen
bringen, etwa 6 Minuten dünsten,
abtropfen, erkalten lassen.

Für die Creme

**1 Päckchen
Gelatine
gemahlen, weiß** mit
**3 EL kaltem
Wasser** anrühren, 10 Minuten zum Quellen
stehenlassen
**2 Eigelb
25 g Zucker
125 ml ($^1/_8$ l)
Milch** erhitzen, nach und nach unter die
Eigelbcreme rühren, die Masse im
heißen Wasserbad so lange schlagen, bis eine dickliche Creme entstanden ist, die gequollene
Gelatine unter Rühren in der
Creme auflösen, nach und nach
**250 ml ($^1/_4$ l)
Birnen-
Kochflüssigkeit** unterschlagen, die Creme im kalten
Wasserbad abkühlen lassen, sobald
die Creme dicklich wird

(Fortsetzung Seite 110)

250 ml (¹/₄ l) Schlagsahne	steif schlagen, unterheben, etwa die Hälfte der Sahnecreme auf dem Tortenboden verteilen, die Birnenhälften dicht nebeneinander darauf anordnen, die restliche Sahnecreme in einen Spritzbeutel mit Sterntülle füllen, die Torte damit verzieren
2 EL Johannisbeergelee	unter Rühren erhitzen, etwas abkühlen lassen, die Birnenhälften damit bestreichen.

Sachertorte

(Foto)

Für den Rührteig

200 g weiche Butter	
100 g Zucker	mit den Rührbesen des Handrührgerätes geschmeidig rühren
1 Päckchen Vanillin-Zucker	unterrühren, so lange rühren, bis eine gebundene Masse entstanden ist
4 Eier	nach und nach unterrühren (jedes Ei etwa ¹/₂ Minute)
150 g Zartbitter-Kuvertüre	im Wasserbad schmelzen lassen, etwas abkühlen lassen, unterrühren
250 g Weizenmehl	mit
1 TL Backpulver	vermischen, sieben, zu der Masse geben, unterrühren den Teig in eine Springform (Durchmesser 22 cm, Boden

	gefettet) füllen, glattstreichen in den Backofen schieben
Ober-/Unterhitze	etwa 180 °C (vorgeheizt)
Heißluft	etwa 160 °C (nicht vorgeheizt)
Gas	etwa Stufe 3 (vorgeheizt)
Backzeit	35–40 Minuten die Torte aus der Form lösen, auf einen Kuchenrost abkühlen lassen
150 g Aprikosen-Konfitüre	durch ein Sieb streichen, unter Rühren erhitzen, die Torte waagerecht halbieren, den unteren Boden mit der Konfitüre bestreichen, den anderen Boden obenauf legen, Tortenoberfläche und -rand damit bestreichen
100 g Zartbitter-Kuvertüre	mit
25 g Kokosfett	im Wasserbad schmelzen lassen, die Torte damit überziehen etwas Kuvertüre in ein Papiertütchen geben, eine Ecke der Papiertüte abschneiden, mit der Kuvertüre den Schriftzug Sacher aufspritzen
50 g Marzipan-Rohmasse	mit
1 EL Vanillin-Zucker	verkneten, mit
gelber Lebensmittelfarbe	färben, unterkneten, aus der Marzipanmasse eine etwa 10 cm lange Rolle formen, mit einem Messer 0,5 cm große Stückchen abschneiden, die Stückchen mit den Fingerkuppen in 2 cm breite Blättchen flachdrücken, aus 7 Blütenblättern eine Rose formen die Rosen auf die Torte legen.

Himbeer-Marzipan-Torte

Für den Knetteig

100 g
Weizenmehl mit
1 Msp.
Backpulver mischen, in eine Rührschüssel sieben

30 g Zucker
1 Päckchen
Vanillin-Zucker
3 Tropfen Butter-
Vanille-Aroma
75 g weiche
Butter in Stückchen hinzufügen, die Zutaten mit den Rührbesen des Handrührgerätes kurz auf niedrigster, dann auf höchster Stufe gut durcharbeiten, anschließend auf der Arbeitsfläche zu einem glatten Teig verkneten, den Teig auf dem Boden einer Springform (Durchmesser 26 cm, Boden gefettet) ausrollen, mit einer Gabel einstechen, mit Springformrand backen

Ober-/Unterhitze 200–220 °C (vorgeheizt)
Heißluft 180–200 °C (nicht vorgeheizt)
Gas Stufe 3–4 (vorgeheizt)
Backzeit etwa 15 Minuten
den Boden sofort nach dem Backen vom Springformboden lösen, aber darauf erkalten lassen.

Für den Rührteig

100 g
Weizenmehl mit
3 gestr. TL
Backpulver mischen, in eine Rührschüssel sieben

100 g Zucker
1 Päckchen
Vanillin-Zucker
1 Prise Salz
3 Eier
125 g weiche
Butter
oder Margarine
(in Stückchen)
50 g abgezogene,
gemahlene
Mandeln hinzufügen, die Zutaten mit den Rührbesen des Handrührgerätes in 2 Minuten zu einem glatten Teig verarbeiten, den Teig in eine Springform (Durchmesser 26 cm, Boden gefettet, mit Backpapier belegt) füllen, glattstreichen

Ober-/Unterhitze etwa 170 °C (vorgeheizt)
Heißluft etwa 150 °C (nicht vorgeheizt)
Gas Stufe 2–3 (nicht vorgeheizt)
Backzeit etwa 25 Minuten
den Boden aus der Form lösen, auf einen mit Backpapier belegten Kuchenrost stürzen, erkalten lassen.

Für die Füllung

500 g Himbeeren verlesen (nicht waschen), 200 g der Himbeeren pürieren, passieren

1 Packung
Sahnetorten-Hilfe nach Anleitung mit der Citronensäure aus der Packung,

600 ml
Schlagsahne
125 ml (1/8 l)
Wasser
50 ml
Himbeergeist zubereiten, unter knapp die

Hälfte der Sahnemasse das Himbeerpüree rühren, unter die übrige Sahnemasse die restlichen Himbeeren (einige zum Garnieren zurücklassen) heben, eine Schüssel (Durchmesser 26 cm, 4-Liter-Inhalt) mit Klarsichtfolie auslegen, die Hälfte der roten Creme (mit pürierten Himbeeren) hineingeben, glattstreichen, die weiße Creme (mit ganzen Himbeeren) vorsichtig darauf füllen, glattstreichen, die restliche rote Creme darauf geben, glatt-streichen, mindestens 3 Stunden kalt stellen, den Knetteigboden mit

2 EL Himbeer-Konfitüre bestreichen, mit dem Rührteig-boden bedecken, gut andrücken, auf die Creme legen, das Ganze aus der Schüssel auf eine Platte stürzen.

Für die Marzipandecke

200 g Marzipan-Rohmasse zu einer Platte (Durchmesser 32 cm) dünn ausrollen, über die Kuppel legen, leicht andrücken.

Zum Verzieren

50 g Halbbitter-Kuvertüre in einem kleinen Topf im Wasser-bad bei schwacher Hitze zu einer geschmeidigen Masse verrühren, die Kuppel damit besprenkeln

250 ml (¹/₄ l) Schlagsahne steif schlagen, die Torte damit verzieren, mit Himbeeren gar-nieren.

Annatorte

250 g Butter mit den Rührbesen des Hand-rührgerätes auf höchster Stufe in etwa ¹/₂ Minute geschmeidig rühren, nach und nach

250 g Zucker
1 Päckchen Vanillin-Zucker unterrühren, so lange rühren, bis eine gebundene Masse ent-standen ist

4 Eier
¹/₂ Fläschchen Rum-Aroma nach und nach unterrühren (jedes Ei etwa ¹/₂ Minute)

250 g Weizenmehl
1¹/₂ gestr. TL mit
Backpulver mischen, sieben, eßlöffelweise auf mittlerer Stufe unterrühren

125 g geriebene Zartbitter-Schokolade mit
100 g abgezo-genen, gemah-lenen Mandeln
50 g feingewür-feltem Zitronat mischen, unterrühren, den Teig in eine Springform (Boden gefettet, Rand nicht fetten, Durchmesser 28 cm) füllen
die Springform auf dem Rost in den Backofen geben

Ober-/Unterhitze 180–200 °C (vorgeheizt)
Heißluft 160–180 °C (nicht vorgeheizt)
Gas Stufe 3–4 (nicht vorgeheizt)
Backzeit etwa 60 Minuten
die erkaltete Torte mit
Puderzucker bestäuben.

Das Teilen des Biskuits

Den Biskuitboden so auf einen Bogen Papier legen, daß die Unterseite, die besonders schön glatt ist, nach oben kommt. Er kann mit einem Zwirnsfaden oder großem Messer in Schichten geteilt werden. Damit die Schichten gleichmäßig dick werden, den Tortenrand vorher mit einem kleinen, spitzen Messer ringsherum etwa 1 cm tief einschneiden. Einen Zwirnsfaden in den Einschnitt legen, die Enden des Zwirnsfaden über Kreuz legen und fest anziehen, dabei durchschneidet der Faden das Gebäck. Damit die Tortenschicht nicht bricht, diese mit einem Papier abheben. Dazu das Papier an der vorderen Kante nach unten knicken und unter die obere Schicht schieben. Mit den Zeigefingern ab und zu an die obere Schicht fassen, damit das Papier nachgezogen wird.

Das Füllen von Torten

Den untersten Biskuitboden z. B. mit Buttercreme bestreichen. Den zweiten Boden mit Hilfe eines Papiers darauflegen. Hierbei ist wichtig, daß die Schichten „Kante auf Kante" gesetzt werden. Diesen Boden wieder mit der Buttercreme bestreichen, den dritten Boden darauf legen. Die obere Seite und den Rand der Torte mit der Buttercreme bestreichen. Für das Verteilen der Creme am Rand am besten ein Tafelmesser nehmen.

Das Überziehen von Torten mit Guß

Die Torte vor dem Auftragen des Gusses mit Konfitüre bestreichen, damit der Guß nicht einsickert. Dazu eine glatte, nicht stückige Konfitüre verwenden. (Stückige Konfitüre vorher durch ein Sieb streichen.) Den Guß mitten auf die Torte gießen. Den Guß schnell mit einem großen Messer verstreichen, und zwar so, daß er an den Rändern herunterläuft. Das Messer dabei schräg halten und nur leicht aufdrücken. Wenn bei der Verteilung des Gusses die Richtung des Messers geändert werden muß, es nicht jedesmal aus dem Guß herausziehen, weil dadurch leicht Krümel vom Biskuitboden abgehoben werden und diese den Guß unansehnlich machen. Der heruntergelaufene Guß wird am Tortenrand mit einem schräg gehaltenen Messer glatt- und hochgestrichen. Es ist wichtig, daß die Torte so schnell wie möglich auf eine Tortenplatte (mit Hilfe eines großen Messers) umgesetzt wird. Dabei muß die Torte zuerst mit dem Messer von der Platte gelöst werden. Durch leichte Schrägstellung der Platte und Führung der Torte durch das Messer sollte sie vorsichtig auf die Tortenplatte gleiten.

Gezogene Glasur

Eine Torte mit 100 g aufgelöster Kuvertüre überziehen. Puderzucker mit etwas Eiweiß zu einer spritzfähigen Masse verrühren, in ein Pergamentpapiertütchen füllen und auf den noch feuchten Guß in Form einer Spirale (von der Tortenmitte ausgehend) spritzen. Durch den noch feuchten Guß mit einem spitzen Holzstäbchen achtmal von der Tortenmitte zum Rand und umgekehrt ziehen.

Verzieren mit Schablonen

Die Torte mit Kakao bestäuben und mit einer gekauften oder selbstentworfenen Schablone belegen. Die Torte mit Puderzucker bestäuben und die Schablone vorsichtig entfernen (Foto 1). Oder die Torte mit Puderzucker bestäuben und mit einer Schablone belegen. Die Torte mit Kakao bestäuben und die Schablone vorsichtig entfernen (Foto 2). Oder auf ein Stück Papier beliebige Muster aufzeichnen, ausschneiden und zum leichteren Abheben von der Torte mit einem Papierstreifen bekleben. Den Kuchen mit Kakao bestäuben und mit einer Schablone belegen. Mit Kokosraspeln bestreuen und die Schablone mit Hilfe der Papierstreifen vorsichtig abheben.

Verzieren von Torten mit Marzipan

Für die Marzipanmasse 200 g Marzipan-Rohmasse mit 100 g Puderzucker verkneten. Die angewirkte Masse zwischen Frischhaltefolie ausrollen. Den Boden einer Springform als Schablone für die Marzipandecke auf das ausgerollte Marzipan legen, mit einem Küchenrädchen bzw. Messer ausschneiden. Dann das Marzipan für den Randstreifen ausrollen. Umfang und Höhe der Torte abmessen, Marzipanstreifen ausschneiden, aufrollen, Rolle an die Torte setzen, abrollen und leicht andrücken, dann die Decke auflegen. Für **Marzipanblätter und -blüten** 100 g Marzipan-Rohmasse mit 50 g Puderzucker verkneten. Für die Blüten etwas angewirktes Marzipan mit roter Lebensmittelfarbe verkneten, mit dem Daumen kleine Platten drücken und zu einer Rose anordnen. Für die Blätter etwas angewirktes Marzipan mit grüner Lebensmittelfarbe verkneten und zu Rosenblättern formen. Mit einem Messerrücken Vertiefungen auf den Blättern einkerben. Aus ungefärbter Marzipanmasse einen Stiel formen. Die einzelnen Teile zu einer Rose formen.

Verzieren mit dem Spritzbeutel

Zum Einfüllen der Spritzmasse den Beutel oben breit nach außen umschlagen (Foto 1). Beim Verzieren den Spritzbeutel senkrecht halten. Mit der rechten Hand den Beutel zuhalten, Creme (Sahne) herausdrücken. Die linke Hand führt den Beutel. Den Beutel nicht mit der ganzen Hand umfassen, sondern mit Daumen und Zeigefinger Tülle bzw. Tüllenansatz führen. Die Creme oder Sahne wird sonst durch Handwärme flüssig. Je nach Torte können Sie verschiedene Muster auf die Tortenoberfläche spritzen. Ob Sie nun kleine oder große Sternchen oder Tuffs haben möchten, können Sie mit der Tülle festlegen (Foto 2).

Das Verzieren der gefüllten Torte

Den Rand der Torte mit Schokoladenstreuseln, abgezogenen, gehobelten Mandeln, gemahlenen Haselnußkernen oder gebräunten Haferflocken bestreuen. Dazu z. B. die Streusel ganz dicht an die Torte geben und sie am Rand mit einer Teigkarte oder einem Messer hoch schieben. Bevor die Torte verziert wird, die Oberfläche mit einem Tortenteiler einteilen.

Selbstgemachte Schokospäne

Für selbstgemachte Schokospäne, z. B. für eine Schwarzwälder-Kirsch-Torte oder für eine Schokoladentorte 200 g dunkle Kuvertüre im Wasserbad schmelzen. Die Masse auf eine glatte Fläche, z. B. eine Marmorplatte, in dünner Schicht gießen. Die erstarrte Schokolade mit einem Spachtel zu Spänen abschaben.

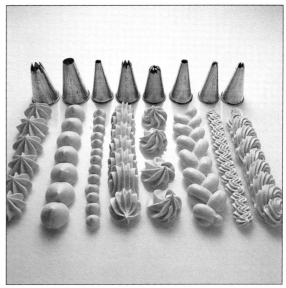

Inhaltsverzeichnis

Alphabetisches Register

Umwelthinweis	Dieses Buch und der Schutzumschlag wurden auf chlorfrei gebleichtem Papier gedruckt. Die Einschrumpffolie – zum Schutz vor Verschmutzung – ist aus umweltfreundlicher und recyclingfähiger PE-Folie.
	Wenn Sie Anregungen, Vorschläge oder Fragen zu unseren Büchern haben, rufen Sie uns an (0521) 520642 oder schreiben Sie uns: Ceres Verlag, Postfach 100385, 33503 Bielefeld. Wir antworten umgehend.
Wir danken für die freundliche Unterstützung	Bauer Verlag Service KG, Hamburg CMA, Bonn IPR & O, Bonn Ketchum Public Relations, München wpr communication, Königswinter
Copyright	© 1995 by Ceres Verlag Rudolf August Oetker KG, Bielefeld
Redaktion	Jasmin Gromzik
Titelfoto Foodstyling	Fotostudio Toelle, Bielefeld Ursula Stiller, Bielefeld
Innenfotos	Fotostudio Büttner, Bielefeld Christiane Pries, Borgholzhausen Fotostudio Toelle, Bielefeld Brigitte Wegner, Bielefeld
Foodstyling	Claudia Glünz-Wunder, Nordhorn
Satz	Reiner Haselhorst, Werther
Reproduktionen	Hirt & Carter (Europe) GmbH, Peissenberg
Herstellung	G. Canale & C. S. p. A.-, Borgaro T. se-Turin, Italy

Nachdruck, auch auszugsweise, nur mit unserer ausdrücklichen Genehmigung und mit Quellenangabe gestattet.

ISBN 3-7670-0353-8